Inhaltsverzeichnis

Teil II

„Wie wohl tut ein Wort zur rechten Zeit" (Spr 15,23)

Teil I

Wohl dem Ehepaar,
das du, Herr, in Zucht nimmst
und lehrst durch dein Gesetz

nach Psalm 94,12

Einst träumten wir ...

Wie weit hat sich der Traum von einer vollkommenen Ehe, den wir früher einmal hatten, erfüllt?

Das ist eine Frage, die sich jedes Paar von Zeit zu Zeit stellen sollte. Doch für Eheleute, die ihr Leben als Christen gestalten wollen, gibt es noch eine wichtigere Frage: Wie weit haben wir das verwirklicht, was Gott plante, als er uns zusammenführte? Hat er heute mehr Freude an uns als vor einem Jahr oder vor fünf oder vor zwanzig Jahren?

Kann man feststellen, ob eine Ehe sich in geistlicher Hinsicht entfaltet? Gibt es ein Geheimnis, das man kennen sollte, um eine glückliche Ehe zu führen?

Wir meinen, diese letzte Frage mit Ja beantworten zu können. Unser Geheimnis für unsere glückliche Ehe ist die geistliche Partnerschaft durch das Bibelstudium zu zweit. Aus vierzigjähriger Erfahrung möchten wir es weitersagen: Ein Paar, das sich entschließt, ein Leben lang Gottes Wort miteinander zu lesen, sich darüber auszutauschen und danach zu leben, wird großartige Entdeckungen machen. Die Liebe zueinander wächst dabei, und ständig gibt es neue Erfahrungen mit Gott.

»Wie sollte das möglich sein?« mag mancher fragen. Das gemeinsame Bibelstudium entwickelt und fördert zwei grundlegende Voraussetzungen für eine gute Ehe. Die erste heißt:

Miteinander reden!

Was halten wir für die wichtigste Mitteilung in einer Ehe?

»Ich liebe dich« oder »Du bist bezaubernd« oder »Bitte vergib mir«?

Zweifellos sind das äußerst wichtige Worte. Doch unserer Erfahrung nach ist es noch entscheidender, daß man grundsätzlich immer im Gespräch bleibt, denn ohne den ständigen Austausch miteinander dringen weder das »Ich liebe dich« noch andere wichtige Aussagen überhaupt zum Partner durch.

Von beiden Seiten bekommen wir oft Klagen über mangelnde Verständigung zu hören: »Mein Mann hat keine Lust zum Reden . . .« – »Haben Sie schon mal von der Sphinx gehört? Ja? Stellen Sie sich vor, ich habe sie geheiratet . . .« – »Da sitzt er – der Mann aus Stein . . .« – »Man sollte alle schweigenden Männer zusammenpacken, das wäre eine gute Sache . . .«

Am Arbeitsplatz, bei persönlichen Beratungen, in Briefen, bei Telefonanrufen und gelegentlichen Gesprächen – überall kann man die gleiche traurige Klage von einsamen Frauen hören. Weniger oft, aber immer noch häufig genug, kommt ein ähnliches leises Stöhnen von einem verlegenen Ehemann.

Fragt man ein beliebiges verlobtes Paar: »Was ist für Sie das Wertvollste in Ihrer Beziehung zueinander?«, bekommt man fast immer als eine der ersten Antworten ein Loblied auf die gute Verständigung zu hören: »Wir können über alles miteinander reden . . .«, »Wir brauchen uns nicht voreinander zu verstekken . . .«, »Ich kann mit ihm über alles sprechen, was mir in den Sinn kommt . . .«, »Wir haben eine hervorragende Kommunikation.«

Was ist in vielen Ehen aus diesen offenen Wegen zueinander geworden? Es mag einige psychologisch begründbare Fehlentwicklungen geben. Aber für die meisten Paare, die wir kennen, und für uns selbst gab es eine viel näher liegende Ursache.

Wir haben einfach *keine Zeit* mehr zum Reden. Bevor es uns überhaupt bewußt wird, haben sich unsere Prioritäten verschoben. Zweitrangiges nimmt plötzlich den ersten Platz ein, und wir merken irgendwann, daß wir uns fremd geworden sind.

Eine zweite, überaus wichtige Frage heißt deshalb für jeden von uns: Wieviel Zeit verwenden wir in unserer Ehe darauf, über tiefgründigere Dinge miteinander zu reden?

Wieviel Minuten sind in einer Woche dem Austausch unserer Gefühle gewidmet? Wieviel Stunden sprechen wir über das, was in unserem Innern vor sich geht?

Wenn Ihnen die Frage zu aufdringlich erscheint, dann wollen wir es anders ausdrücken: Was glauben Sie, wieviel Minuten ein Ehepaar durchschnittlich pro Woche tiefgehenden Gesprächen widmet? Wir haben Tausenden von Männern und Frauen diese Frage vorgelegt: »Wenn Sie Haushaltspläne, Kinder, Nachbarn, Verwandte, Wetter, Veranstaltungen, oberflächliche Ereignisse und alles, was über Bildschirm und Zeitung ins Haus kommt, ausklammern – wieviel Zeit verbringen Sie dann noch pro Woche in tiefgehenden Gesprächen miteinander?«

Die Antwort lautete: Sechs Minuten!

Jede Woche hat 10 080 Minuten – und ein durchschnittliches Ehepaar hat nur sechs Minuten in diesen sieben Tagen für einander übrig, um seine persönlichen Gefühle zum Ausdruck zu bringen.

Auch an einer Universität wurde eine Umfrage zu diesem Thema veranstaltet. Man befragte tausend Paare: »Wieviel Zeit verbringen Sie in der Woche in ernsthaftem Gespräch?« – wobei das Wort *ernsthaft* betont wurde.

Erstaunlicherweise lautete das Ergebnis: Sechs Minuten. Sollte das ein statistischer Zufall oder eine Manipulation sein? Oder ist es möglich, daß, unabhängig davon, wer befragt wird, oder wer die Umfrage durchführt, es sich als Tatsache herausstellt: In allzu vielen Ehen sind die Brücken zueinander abgebrochen. Man hat aufgehört, sich über die eigenen Gefühle miteinander auszutauschen, ernsthafte Dinge miteinander zu besprechen.

Aufeinander hören

»Wer Ohren hat zu hören, der höre« (Mk 4,9).

Eine Voraussetzung für eine gute Ehe ist – wie bereits ausgeführt –, daß Mann und Frau die Kunst des Redens lernen. Eine *zweite* Voraussetzung besteht nun darin, daß beide Partner sich darin üben, miteinander und aufeinander zu hören.

Für das persönliche Bibelstudium haben wir den Grundsatz der »steigenden Aufmerksamkeit«: Jede Aussage unseres Herrn, die uns zweimal begegnet, lesen und bedenken wir zweimal. Dreifach wiederholte Aussagen behandeln wir mit dreifacher Aufmerksamkeit. Und wenn Jesus eine Sache viermal ausspricht, nehmen wir sie auch viermal so wichtig. Einige Wendungen wiederholt Jesus immer wieder – diese prägen wir uns so lange ein, bis sie selbstverständlicher Bestandteil unseres Denkens werden. Welche Auswirkung würde es z. B. für ein Ehepaar haben, wenn es die Worte: »Wer Ohren hat zu hören, der höre« mit derart erhöhter Aufmerksamkeit aufnehmen würde? Um die Aussage eines Satzes zu vertiefen und neue Gesichtspunkte daran zu entdecken, lohnt es sich, die entsprechende Stelle in anderen, vor allem auch in modernen Bibelübersetzungen nachzulesen.

Wer möchte bezweifeln, daß Jesus der beste Vermittler göttlicher Wahrheit aller Zeiten war? Menschen, die ihm Glauben geschenkt haben, werden das niemals bestreiten. Noch 2000 Jahre nach seinem Leben auf dieser Erde hat er Gemeinschaft mit uns. Immer noch redet er, immer noch hört er.

Warum mag dieser große Vermittler wohl so oft die Bedeutung des Hörens unterstrichen haben? Eine einleuchtende Antwort ist sicher die, daß die meisten Menschen beim Gespräch von einem falschen Grundsatz ausgehen. Meistens geben wir uns nämlich einer Selbsttäuschung hin und halten unsere eigenen Gedanken für wichtiger als die der anderen. Unsere Worte klingen für uns besser, unsere Gefühle bedeuten für uns mehr als die anderer Menschen. Unsere Ideen erscheinen uns beachtenswerter als die Vorschläge anderer.

Auf diese Weise kommen wir aber nicht zurecht. Immer – ohne Ausnahme, zu jeder Zeit und ohne Unterschied – ist für andere Leute das am wichtigsten, was sie selbst denken. Wie können wir diese fatale menschliche Veranlagung beeinflussen, ihre Auswirkungen umkehren? Wie ist es uns möglich, den Teufelskreis egozentrischer Gesprächsführung zu durchbrechen? An dieser Stelle lautet unser Rat: Versuchen Sie es einmal mit dem Bibelstudium zu zweit!

Wenn wir lernen, gemeinsam die Bibel zu lesen bzw. ihre Aussagen miteinander zu überdenken, lernen wir gleichzeitig, miteinander zu reden.

Bei diesen Gesprächen machen wir die erstaunliche Entdeckung: »Mein Partner ist ja tatsächlich daran interessiert, was ich denke, wie ich fühle und was ich sage! Der Geist Gottes hat unsere Ehe berührt und sie mit göttlicher Fürsorge erfüllt.«

Doch dies ist nur die eine Hälfte des Wunders, das sich da vollzieht. Durch das gemeinsame Bibelstudium verändert der Heilige Geist auch unsere eigene gesamte Lebenshaltung. Wir lernen es zunehmend, uns mit Gottes Art der Fürsorge um den anderen zu bemühen. Es beschäftigt uns tatsächlich, was der Partner denkt, fühlt und sagt. Und weil es uns beschäftigt, hören wir ihm auch zu. Wir hören manches, das wir vorher überhört haben. Wir hören selbst das, was in älteren Übersetzungen als das »Seufzen des Heiligen Geistes« bezeichnet wird. Spätere Theologen sprachen vom »Geheimnis«, von der »leisen, sanften Stimme Gottes« und von den »Tiefen des Geistes«. Wer kennt alle Ausdrucksmöglichkeiten des Heiligen Geistes? Wohl kaum einer von uns. Doch wir können ihn erfahren . . .

Je treuer wir in unserem Bibelstudium zu zweit sind, je mehr wird der Heilige Geist unser Wesen formen. Er befreit uns zum Reden. Er zerbricht den Bann unserer Selbstsucht und macht es uns möglich, daß wir aufrichtig miteinander und aufeinander hören.

Und er schafft in uns noch eine weitere, ganz wichtige Voraussetzung für eine erfüllte Ehe:

Gnade und Barmherzigkeit

»Wenn ich dich sehen lasse, wer ich bin, und du wendest dich daraufhin von mir ab, weil du mich nicht magst, was bleibt mir dann noch? Nichts. Hier bin ich mit all den Fehlern, dem Unbegreiflichen und dem Bösen in mir – völlig ungeschützt und ohne alle Schminke!«

Hat nicht jedes Ehepaar, jeder Ehemann, jede Ehefrau schon so empfunden? An dieser Stelle begegnet uns ein weiterer Grund, weshalb Ehepaare nicht miteinander reden und nicht aufeinander hören: Angst!

Was ist da zu tun? Die Lösung liegt in dem wundervollen biblischen Begriff von Gnade und Barmherzigkeit.

Gnade wird theologisch definiert als »die freie und unverdiente Liebe und Güte Gottes«. In unsere Alltagssprache übersetzt heißt das: Gott liebt uns nicht, weil wir es verdienen, sondern weil wir ihm gehören. Eine ganz wichtige Frage in jeder Ehe heißt deshalb: Wieviel Gnade, wieviel Barmherzigkeit steckt in unserer Liebe? Können wir zueinander sagen: »Verstehst du, daß ich dich akzeptiere, wie du gerade bist? Fehler und Merkwürdigkeiten und komische Anwandlungen und Ungereimtheiten – zeig mir alles, was du mir zeigen möchtest. Sag mir, was du mir sagen möchtest – alles, was du je getan hast, was du träumst, deine Vergangenheit, Gegenwart und Zukunft, Tatsachen und Phantasien – und du kannst trotzdem auf meine Liebe zählen.«

Das ist Barmherzigkeit, das ist Gnade, und nur Gnade kann das Gefühl vermitteln: »Fürwahr, der Herr ist an dieser Stätte . . . Hier ist nichts anderes als Gottes Haus, und hier ist die Pforte des Himmels« (nach 1. Mose 28,16–17).

Die Grundlage für eine erfüllte Ehe

Eine glückliche Ehe! Das hört sich großartig an. Da denkt man an tiefe Gemeinschaft, leuchtende Augen und fröhliches Lachen. Aber gibt es das wirklich – eine glückliche Ehe? Unsere Antwort ist ein klares Ja – durch geistliche Partnerschaft auf der Grundlage der Bibel.

Als wir vor fünfundvierzig Jahren heirateten, war uns die Bibel durchaus nicht fremd. Wir hatten in der Kirche, im Kindergottesdienst, bei den Andachten in der Familie und anderswo ihre Geschichten vorgelesen bekommen. Auch bei unserer Hochzeit ging es nicht ohne Bibel – es war eine wunderschöne, weiß eingebundene Ausgabe.

Wir hatten uns entschlossen, dem Wort Gottes in unserem Haus einen bevorzugten Platz einzuräumen. Und das taten wir auch. Jeden Tag sahen wir die Bibel auf unserem Nachttisch liegen. Um keinen Preis wollten wir sie dort vermissen. Auch die zweite auf unserem Frühstückstisch mochten wir nicht entbehren. Wir wünschten uns ein Heim auf biblischer Grundlage, das stand für uns beide fest.

Es gibt eine interessante Geschichte von einer uralten Kirche in Mexiko. Jeden Sonntagmorgen, wenn die Menschen durchs Portal strömten, verbeugten sie sich in der äußeren Tür vor einer Nische in der Wand. Sie nickten der Höhlung zu, und manche bekreuzigten sich sogar. Warum taten sie das?

Genau diese Frage stellte sich eines Tages auch ein Reporter anläßlich einer Trauerfeier, die in dieser Kirche stattfand. »Merkwürdig«, so begann er die Kirchgänger auszufragen, »warum verneigt ihr euch vor dieser Mauernische?« Niemand konnte ihm den eigentlichen Grund nennen. Aber alle sagten in schöner Einmütigkeit: »Wir verneigen uns, weil unsere Väter und Mütter es auch getan haben. Auch sie bekreuzigten sich an dieser Stelle. Und auch unsere Großeltern haben es schon so gehalten. Jedermann ging zu allen Zeiten mit einer Verneigung zur Nische hin in diese Kirche.«

Noch neugieriger geworden kehrte der Reporter zu seinem Büro zurück und leitete eine intensive Nachforschung ein. Endlich fand er auf einem uralten Foto aus dem Zeitungsarchiv die Lösung des Rätsels.

Auf dem verblaßten Bild sah man deutlich neben dem Eingang zur Kirche in der Mauernische ein Kruzifix! Seit jenen früheren Tagen ist die Kirche vollständig renoviert worden, und bei diesen Instandsetzungsarbeiten hatte man offensichtlich das Kruzifix mit einer Schicht Gipsmörtel zugedeckt. Doch selbst heute noch verneigten sich die Leute vor dieser Stelle – und manche bekreuzigten sich auch –, obwohl der Anlaß dazu längst nicht mehr vorhanden war.

So verneigten auch wir uns vor unseren Bibeln. Wir verehrten die eine auf unserem Nachtschränkchen und die andere auf unserem Frühstückstisch. Gelegentlich nickten wir auch den übrigen Exemplaren auf unseren Bücherregalen zu. Und in diesem Zustand lebten wir unsere Ehe viel zu lange.

Viele von uns glauben, daß Gott ein persönlicher Gott ist, und das ist eine ganz wunderbare Gewißheit. Der Schöpfer des Universums ist nicht aus dieser Welt verschwunden. Er hat uns nicht allein gelassen. Seit den Tagen der Schöpfung ist er in der Welt gegenwärtig. Er blieb bei dem, was er geschaffen hatte, um sich daran zu erfreuen und um zu sehen, daß es gut war.

Das wird uns noch vor dem Ende des ersten Kapitels der Bibel berichtet. Doch wenn wir dann weiterlesen, finden wir einen zweiten Grund für seine Zuwendung: *Gott blieb bei den Menschen, weil er sie liebte.*

Am Anfang des Neuen Testamentes erfahren wir, daß er kam, um sich uns selbst mitzuteilen, sich ganz und gar für uns hinzugeben – in der Geburt, in der Kreuzigung und in der Auferstehung –, damit wir seine lebendige Gegenwart persönlich erleben sollten, auch in unseren Beziehungen untereinander.

Es ist eine erstaunliche Wahrheit: Der gleiche Gott, der seinen Sternen nachts am Himmel zu leuchten befiehlt, der jeden Morgen der Sonne ihre Bahn zu ziehen und uns Licht zu schenken gebietet, dieser gleiche Gott ist ein persönlicher Gott. Er möchte es für uns alle sein, und wenn wir ihm die Gelegenheit dazu geben, will er mit uns reden, sich mit uns verbinden, uns segnen. Und er möchte auch unsere Ehe zu dem machen, was sie eigentlich sein sollte und könnte.

Manche sagen, daß das fünfte Jahr für eine Ehe kritisch sei. Andere nennen in diesem Zusammenhang das siebte oder das elfte Jahr. Für uns enthielt jedes einzelne dieser ersten Jahre zuviel Negatives. Manche Schwierigkeiten äußerten sich in Geschrei und Tränen und lautem Türenschlagen. Manche kamen auch ganz unangemeldet auf leisen Sohlen. Und gerade diese waren für uns besonders gefährlich. Sie verschwanden ebenso unmerklich, wie sie gekommen waren, doch bei ihrem Verschwinden schienen sie jedesmal noch viel mehr Probleme zurückzulassen – Verletzungen und ein Gefühl des Zurückgewiesenseins, Ärger und heimlichen Haß, unausgesprochene Gefühle.

Als es uns bewußt wurde, daß unsere Liebe das nicht mehr lange aushalten würde, fällten wir eine Entscheidung. Da wir allein nicht mehr zurechtkamen, wollten wir den Herrn um Hilfe bitten. Und wo hätten wir diese eher finden sollen als unmittelbar in seinem Wort?

Wir trafen eine Vereinbarung: Jeden Tag wollten wir zusammen in der Bibel lesen. Wir wollten uns auf ein bestimmtes Buch einigen, und dann wollten wir Zeiten festsetzen, um uns ein Kapitel nach dem anderen vorzunehmen – jeden Tag.

Was daraus wurde? Es klappte nicht. Wie hätte es auch gehen sollen? Einer von uns steht bei Anbruch der Dämmerung auf – manchmal noch früher. Der andere ist nicht in der Lage, vor halb neun Uhr morgens und ohne zwei Tassen Kaffee einen klaren Gedanken zu fassen.

Dann gab es auch Tage, an denen wir uns überhaupt erst am Abend sahen. Sollten wir unser gemeinsames Lesen auf die Zeit des Zubettgehens verlegen? War das nicht eine großartige Möglichkeit, sich auf den Schlaf vorzubereiten? Wir würden uns für die Nacht mit guten Gedanken füllen lassen.

Doch wenn der Geist müde ist, der Körper erschöpft, die Konzentrationsfähigkeit fast gleich Null, was soll dann dabei herauskommen? Wieder einmal hatte ein guter Vorsatz versagt. Sollten wir die Sache aufgeben – als schöne Theorie, die sich einfach nicht in die Tat umsetzen ließ? Doch uns lag etwas daran. Vielleicht konnten wir einen neuen Weg beschreiten, es auf irgendeine Weise noch einmal versuchen. Das taten wir auch. Wir entschlossen uns erneut zum täglichen Bibellesen, doch diesmal auf andere Art.

Da wir uns einfach nicht auf eine frühe Morgenstunde einigen konnten, wollten wir unsere »Stille Zeit« zu verschiedenen Tageszeiten halten. Und das machen wir heute noch so.

Jeden Tag in den vergangenen vierzig Jahren haben wir unsere Bibel gelesen und unsere Stille Zeit gehalten – jeder für sich zu der ihm gemäßen Zeit. Und jede Woche in diesen 1080 Wochen haben wir uns mindestens einmal zusammengesetzt, um uns gegenseitig darüber auszutauschen: »Was hat der Herr dir in dieser Woche deutlich gemacht, was sagte er mir und was galt uns beiden?«

Im nächsten Kapitel wollen wir auf das System eingehen, das wir uns ausdachten, um unser Bibelstudium zu zweit zum Mittelpunkt unserer Ehe zu machen.

Kerzen, Pfeile, Fragezeichen

»Darf man überhaupt in der Bibel herummalen?« Es ist erstaunlich, wie oft uns diese Frage gestellt wird. Für uns gibt es als Antwort darauf nur ein klares Ja. Wir verwenden bei unserem Bibelstudium drei besondere Symbole: Kerzen, Pfeile und Fragezeichen. Jeden Tag, wenn wir – jeder für sich – unsere Bibel lesen, unterstreichen und markieren wir Stellen, die uns auffallen, und setzen diese Zeichen an den Rand.

Kommt uns z.B. ein völlig neuer Gedanke, eine neue Einsicht, geht uns ein Licht auf, dann unterstreichen wir die Stelle und malen eine Kerze an den Rand – als Zeichen neuer Erkenntnis.

Stoßen wir auf eine Aussage, die wir nicht verstehen, bei der uns Zweifel kommen, die wir irgendwie nicht glauben können, unterstreichen wir sie ebenfalls und setzen ein Fragezeichen an den Rand.

Daneben gibt es ja auch Verse, die uns treffen und überführen. Sie machen uns bewußt, daß wir nicht so sind, wie wir sein sollen. Wir unterstreichen sie und setzen einen Pfeil als Symbol daneben. (Wir setzen niemals Pfeile für den anderen, sondern geben uns gegenseitig die Freiheit, unsere eigenen Sünden, unsere Fehler und unser Versagen selbst zu entdecken).

Kerzen bedeuten: neues Licht, erfrischende Gedanken, Dinge, die uns vorher nie aufgegangen sind, herrliche Anregungen.

Fragezeichen heißen: Ich habe es nicht verstanden, es bleibt für mich unklar. Was könnte es zu bedeuten haben?

Pfeile meinen: Das hat mich getroffen. Das hat eine Schwäche ans Licht gebracht. Da habe ich versagt. Ich bin ein Sünder.

Dann setzen wir uns einmal in der Woche – manchmal auch öfter – zusammen und tauschen uns über unsere Symbole und Erfahrungen aus. Unmittelbar aus dem Wort Gottes kommt so der Antrieb, miteinander zu reden, ernsthafte Gespräche zu führen, sich über eigene Gedanken auszutauschen.

Es kann sein, daß einer von uns schon beim ersten Vers des ersten Kapitels ein Symbol gesetzt hat. Dann beginnen wir eben dort. »Eine Kerze hast du dort angebracht?« – »Ja, das ist für mich eine völlig neue Einsicht. Was meinst du dazu?« Und schon ist unser Gespräch im Gang.

Vielleicht dauert es aber auch bis zum fünften Kapitel, bis wir zu einem Zeichen kommen. Oder im dritten Kapitel gibt es gleich vier Anmerkungen.

Manchmal haben wir an der gleichen Stelle verschiedene Symbole gesetzt, einer vielleicht ein Fragezeichen, der andere eine Kerze. Dann helfen wir uns gegenseitig.

Steht bei uns beiden an der gleichen Stelle ein Fragezeichen, dann nehmen wir uns einen Kommentar zur Hilfe. Was sagt dieser oder jener Ausleger dazu? Die Meinungen der Theologen geben uns weitere Anregungen zum Gespräch. Doch eins haben wir schon sehr früh auf dem Weg der Nachfolge Jesu gelernt: Was der Herr uns persönlich sagt, ist für uns immer wichtiger, als was die Gelehrten in ihren Büchern schreiben.

Nach diesem Grundsatz diskutieren wir unsere Fragen zuerst von unserer persönlichen Warte aus, bevor wir uns an die Ausleger wenden.

Die Kerzen dienen der weiteren Erkenntnis, die Fragezeichen regen zum Nachforschen an, die Pfeile sollen der Selbstprüfung dienen.

Wer einen Psychiater benötigt, sollte einen aufsuchen. Doch Menschen, die sich nur mit Ungereimtheiten oder mit neurotischen Anwandlungen herumschlagen, brauchen unter Umständen lediglich die Hilfe eines guten Freundes. Uns tut das Bibelstudium zu zweit diesen wertvollen Freundschaftsdienst. Im Austausch über die Pfeile sprechen wir über unsere Unebenheiten und Schwächen miteinander. Mit den zarten Gesten der Liebe und mit Gottes Hilfe entwirren wir manchen Knoten. Wir helfen einander, und der Herr hilft uns zu einem neuen Frieden.

Wenn echter, tiefgehender Austausch, Gespräche in einer solchen inneren Gemeinschaft den Schlüssel zu einer glücklichen Ehe bieten, und wenn es wahr ist, daß Gott uns durch sein Wort führt und belehrt und anweist, dann muß das Bibelstudium zu zweit einfach ein sicherer Weg zu einer erfolgreichen Ehe sein.

Wenn wir uns so austauschen, ereignen sich zwei ganz wesentliche Dinge: Einmal teilen wir unsere Entdeckungen miteinander und mit dem Herrn. Doch das ist nur die eine Seite dieser wunderbaren Gemeinschaft. Dazu kommt: Er selbst, unser Herr, teilt sich uns mit.

Wir wollen uns nun einigen Kerzen, Pfeilen und Fragezeichen

zuwenden, wie wir sie in unserer Bibel vermerkt haben, und zu jedem dieser Symbole ein paar Gedankensplitter weitergeben.

Kerzen als Symbol neuer Erkenntnisse

»In dem Jahr, als der König Usija starb, sah ich den Herrn sitzen auf einem hohen und erhabenen Thron . . .« (Jes 6,1).
Manchmal, wenn es uns sehr schlecht geht, sehen wir wirklich den Herrn. Welche negativen Erfahrungen haben wir in unserem Leben gemacht, die gewisse positive Nachwirkungen hatten?

». . . denn ich sah dein Angesicht, als sähe ich Gottes Angesicht. ...« (1. Mose 33,10).
Welch eine Möglichkeit eröffnet sich da! Spiegeln wir für andere das Angesicht Gottes wider?

»Von törichten Fragen aber . . . halte dich fern« (Tit 3,9). Das stimmt tatsächlich! Manche Dinge sind es nicht wert, daß man ein großes Aufheben davon macht. Sparen wir uns doch unsere Kräfte für wesentliche Differenzen!

»Laßt uns . . . einander nicht herausfordern und beneiden . . .« (Gal 5,26).
Jetzt wollen wir in aufrichtigem Austausch über die Dinge reden, die ich an mir oder mich an dir am meisten ärgern.

»Ihr Mann Elkana sprach zu ihr: So tu, wie dir's gefällt« (1. Sam 1,23).
Schon in den Zeiten des Alten Testamentes gehörte es zum Glück einer guten Ehe, daß ein Partner dem anderen seine persönliche Freiheit gewährte. Wo neigen wir dazu, unseren Partner einzuengen? An welcher Stelle würde ein wenig mehr Loslassen einen neuen, hellen Ton in unsere Liebesbeziehung hineinbringen? Würden wir nicht mehr echte Zugehörigkeit empfinden, wenn wir an gewissen Punkten unserem Partner mehr Freiheit einräumten?

».. . durch Stillesein und Hoffen würdet ihr stark sein« (Jes 30,15).
Versuchen wir auch in hektischen Situationen, auf die stille, sanfte Stimme Gottes zu hören? Nehmen uns der Lärm unseres Alltags, die Geräusche dieser Welt, zuviel von unserer Stillen Zeit weg?

»So geh nun hin: Ich will mit deinem Munde sein und dich lehren, was du sagen sollst« (2. Mose 4,12).
Was für ein Versprechen – eine Zusage für jeden öffentlichen Auftritt und jede Begegnung. Und zugleich eine Verheißung für unseren persönlichen Austausch. Lassen wir den Herrn dafür sorgen, daß wir auf diesem Gebiet weiterkommen?

»Aber der Herr . . . sprach zu mir: Laß es genug sein! Rede mir davon nicht mehr« (5. Mose 3,26)!
Diesen Vers sollten wir uns vielleicht ins Herz schreiben, wenn es um gewagte Dinge geht, in Augenblicken der Verlegenheit, bei heiklen Angelegenheiten, im Gedanken an häßliche Auftritte, die der Vergangenheit angehören.

».. . und blieb dort unter ihnen sieben Tage ganz verstört« (Hes 3,15).
Immer wenn wir im Leben anderer hinter die Kulissen schauen, macht das den Weg frei zu größerem Verständnis für sie, zu mehr Liebe. Mühen wir uns aufrichtig darum, den Standpunkt des anderen zu sehen?

»So laßt euer Licht leuchten vor den Menschen, damit sie eure guten Werke sehen . . .« (Mt 5,16).
Neigen wir dazu, unser Licht nur nach außen scheinen zu lassen, während unsere Hausgenossen »im Finstern sitzen«?

»Liebe Männer, man hätte auf mich hören sollen . . .« (Apg 27,21).
Wenn irgendein Bibelvers auf uns paßt, dann dieser. »Das habe ich dir doch gleich gesagt . . .!« »Habe ich dich nicht gewarnt . . .?« »Warum hast du nicht darauf gehört . . .?« Sollten solche Redensarten für uns nicht auf der verbotenen Liste stehen?

Fragezeichen

»Der Herr hat mich berufen von Mutterleibe an; er hat meines Namens gedacht, als ich noch im Schoß der Mutter war« (Jes 49,1).

Was bedeuten diese Worte heute für uns: »Heiligkeit des Lebens«, »das Recht der Ungeborenen«?

Finden wir in all den Argumenten für oder gegen Abtreibung, die von den verschiedenen Seiten genannt werden, hier vielleicht eine solide theologische Position?

»Denn des Herrn Augen schauen alle Lande . . .« (2. Chr 16,9).

Ist das für uns eine schreckliche Warnung oder ein wundervolles Versprechen? Tun wir als Ehepaar Dinge, die der Herr lieber nicht sehen sollte?

»Ich habe bei mir selbst geschworen, und Gerechtigkeit ist ausgegangen aus meinem Munde, ein Wort, bei dem es bleiben soll: Mir sollen sich alle Knie beugen und alle Zungen schwören« (Jes 45,23).

Kann das wahr sein? Und wann wird sich das ereignen?

In der Bibel finden wir alles: jedes Thema, das wir erörtern sollten, jedes Problem, mit dem wir uns auseinandersetzen müssen, allen Raum, den wir zur Entfaltung brauchen – alles enthält das Wort Gottes. Und deswegen kann jedes Paar, das ein solches Bibelstudium zu zweit durchführt, sicher sein, daß es damit weiterkommt, Erkenntnisse sammelt, Freude daran hat. Ein triftiger Grund für ein solches Studium liegt darin, daß uns Gott durch sein Wort anspricht, wie er es sonst nirgendwo tut.

Aus diesen Überlegungen heraus kommen wir zu dem Ergebnis, daß die Beschäftigung mit der Bibel eine solide Grundlage für eine glückliche Ehe darstellt.

Selbstprüfung im Licht der Bibel

Wenn wir uns über unsere Kerzen ausgetauscht haben, wenn wir bereit gewesen sind, unseren Pfeilen ins Gesicht zu sehen, wenn wir uns mit den Fragezeichen beschäftigt und eine Antwort erarbeitet haben, finden wir es besonders hilfreich, eine Weile miteinander zu schweigen und zu hören. Tun wir das in stillem Gebet, dann können wir den Herrn meist sagen hören: »Nachdem ihr euch über die Dinge unterhalten habt, möchte ich euch noch unmittelbar ein paar Fragen stellen ...«

Dazu möchten wir noch mehr von dem weitergeben, was wir mit dem Herrn erlebt haben.

Jede der folgenden Betrachtungen kam so zustande: Einer von uns unterstrich den Vers, mit dem das Nachdenken begann. Nach unserem Gespräch lauschten wir eine Weile still vor uns hin. Dann lebte das Gespräch wieder auf, neue Ideen tauchten auf, es drang mehr von unserem Ich an die Oberfläche, neue Fragen entstanden. Wie schon gesagt, irgendwie hatten diese Fragen, die für uns unmittelbar vom Herrn zu kommen schienen, etwas von einer ehrfurchtgebietenden Heiligkeit an sich. Dieses »heilig« schloß den Sinn von »ganz«, »Ganzheit«, »eine unteilbare Einheit darstellend«, »heil« und »gesund«, »vollständig«, »völlig« ein.

Wir hoffen – nachdem wir Sie in unsere Art der Betrachtung eingeführt haben, daß Sie sich Ihre eigene Methode erarbeiten. Doch welchen Weg Sie auch immer einschlagen mögen, wir sind sicher, daß Sie eines feststellen werden: Wenn wir bei den Bibelstellen, die wir lesen, eine gemeinsame Zeit des Hörens einplanen, wenn wir ein wenig miteinander warten ... dann werden wir IHN hören!

Und wenn Sie dem kleinsten Lichtschimmer folgen, den der Herr Ihnen schenkt, dann wird er Sie immer mehr ins Licht führen.

Wie oft sagen wir danke?

»Ein Wort, geredet zu rechter Zeit, ist wie goldene Äpfel auf silbernen Schalen« (Spr 25,11).

Wir wollen einmal Bilanz ziehen in unserer Ehe. Welche Seite überwiegt – die positive oder die negative? Fällt das Danken meist unter den Tisch? Wir wollen uns nun besonders Zeit dazu nehmen und eine Liste anfertigen von all den Dingen, für die wir dankbar sein können (eventuell einer für den anderen).

Gedanken zum Thema Dankbarkeit – ein junger Ehemann schrieb uns:

> »Ich habe mich zum Schreiben entschlossen, weil heute Erntedankfest ist. Und ich möchte Ihnen mitteilen, was meine Frau und ich letztes Jahr um diese Zeit erlebt haben. Bis dahin hatten wir eine recht durchschnittliche Ehe geführt, manchmal nicht einmal das.
> Die ersten ein oder zwei Jahre verstanden wir uns noch ganz gut. Doch dann ging es bergab. Der Grund dafür war, daß wir angefangen hatten, einander abzuwerten.
> Im letzten Jahr schickten wir zu Beginn der Ferien die Kinder zu den Großeltern – den Eltern meiner Frau. Später fuhren wir beide auch hin, um das Erntedankfest mit den Eltern zu feiern und um die Kinder wieder heimzuholen.
> Ich weiß nicht mehr, wer von uns auf der Fahrt auf den Gedanken kam, einmal all die Dinge aufzuzählen, für die wir dankbar waren. Wir erinnerten uns an das zurückliegende Jahr und nannten all das, was uns an Positivem begegnet war.
> Plötzlich sagte meine Frau mir Dinge, die mich betrafen, und für die sie dankbar war. Mensch! Das war etwas ganz Neues! Also sagte ich ihr auch manches, was mich an ihr freute. Es war lange her, seit wir uns das letzte Mal Komplimente gemacht hatten, und wir konnten kaum glauben, daß es noch so viel gab, was uns aneinander gefiel.
> Aber diese Erfahrung war so großartig, daß wir uns entschlossen, uns von jetzt an öfter etwas Nettes zu sagen – mindestens einmal pro Woche.

Und seitdem ist tatsächlich kaum eine Woche vergangen, wo wir unseren Entschluß nicht in die Tat umgesetzt hätten. Wir sind uns beide darin einig, daß das vergangene Jahr das bisher beste in unserer Ehe gewesen ist.

Und nun dachten wir, daß es vielleicht andere Ehepaare gibt, denen unsere Erfahrung nützlich sein könnte. Daß man dem Partner sagt, was einen an ihm freut, wofür man dankbar ist, schafft schon Veränderungen – vor allem dann, wenn man diese Offenheit zur guten Gewohnheit werden läßt.«

Anregung: In dieser Woche wollen wir uns eine Konkordanz vornehmen und nachsehen, wie oft die Worte Danken und Dankbarkeit in der Bibel erwähnt sind. Dann wollen wir sieben der angegebenen Verse auswählen und jeweils einen davon in den folgenden sieben Tagen durchsprechen.

Reagieren wir zu stark auf die Stimmungsschwankungen des anderen?

»Ein Kluger sieht das Unglück kommen und verbirgt sich; aber die Unverständigen laufen weiter und leiden Schaden« (Spr 27,12).

Zu den Themen und Ereignissen, die dazu angetan sind, das Stimmungsbarometer unserer Ehe sinken zu lassen, gehören:

Geld	Enttäuschung
Wetter	Zerstörte Pläne
Kritik	Die Nachrichten
Arbeitsüberlastung	Gäste zum Übernachten
Sorgen	Unstimmigkeiten
Das Abschlaffen nach einer	Andere Gründe
erfolgreichen Leistung	

(Zählen Sie aus Ihrer Erfahrung noch weitere Anlässe auf.)

Wer bestimmt die gefühlsmäßige Atmosphäre bei uns? Sacke ich auch ab, wenn mein Ehepartner deprimiert ist?

Dazu ein interessanter Briefauszug. Josef Schmidt ist Hochschullehrer, seine Frau Buchhalterin. Nach Herrn Schmidts Aussagen müssen sie eine ungewöhnliche Ehe führen.

»Selma ist eine hübsche Frau, aber sie gehört zu den Menschen, die starken Stimmungsschwankungen unterworfen sind. An einem Tag ist sie ›himmelhochjauchzend‹, am anderen ›zu Tode betrübt‹.

Es war nicht immer leicht mit ihr, aber schließlich beschloß ich, irgendwie damit fertig zu werden.

Ich war daran gewöhnt, morgens nach dem Aufstehen erst abzuwarten, wie Selma sich fühlte, und dann übertrug ich ihre Gefühle auf mich – ich fühlte wie sie. Wenn es ihr gutging, fühlte ich mich auch wohl. War sie verdrießlich, war ich es auch.

Doch nun änderte ich das. Ich kam zu dem Ergebnis, daß mein Verhalten lächerlich sei. Warum sollte ich sie über *meine* Gefühle bestimmen lassen? Ich fragte mich, wer denn eigentlich die Atmosphäre unseres Hauses bestimmte, und ich beschloß, zu meinem eigenen Gefühl zu stehen.

Unmittelbar darauf bemerkte ich eine Veränderung, denn Selma begann nun, auf *meine* Gefühlslage zu reagieren. Auch sie erfaßte die neue Situation und dankte mir sogar dafür. Es scheint fast so, als ob sie eine gewisse Führung brauchte. Vielleicht hatte sie die ganze Zeit darauf gewartet, daß ich ihr eine Haltung zeigte, der sie sich anschließen konnte.

Auf jeden Fall kann ich nur sagen: Seit ich zu meinen Gefühlen stehe, ist alles viel besser und schöner geworden in unserer Beziehung zueinander.

Dann ergab sich noch etwas anderes. Ich stellte fest, daß sich im Unterricht mit meinen Schülern etwas geändert hatte. Es schien, als ob die Stimmung, mit der ich den Tag begann, nicht nur mein Privatleben beeinflußte, sondern sich auch bei den Schülern positiv auswirkte.«

Sollten wir vielleicht einmal über die Frage nachdenken: »Wer bestimmt die Atmosphäre bei uns?«

Können wir offen über unsere Versuchungen sprechen?

»Ich aber sage euch: Wer eine Frau ansieht, sie zu begehren, der hat schon mit ihr die Ehe gebrochen in seinem Herzen« (Mt 5,28).

Ein wunderschöner Vers ist uns zum Ziel für unsere Liebe geworden: (nach Longfellow)

> »Kurz war der Weg von einem zum anderen,
> niemals wuchs Gras darauf.
> Singende Vögel, schlimme Falschheit,
> Gerüchteköche, Unheilstifter
> fanden kein offenes Ohr,
> konnten kein Böses zwischen uns brüten.
> Ständig sprachen wir uns darüber aus –
> redeten mit nackten Herzen.«

Versuchen Sie doch einmal als Ehepaar über diese Fragen zu sprechen: Verstecken wir uns in unserer Ehe je länger, desto mehr voreinander? Gehen wir aufeinander zu, indem wir unsere Gefühle entblößen, einschließlich der allerverletzlichsten?

Ein Ehemann, der selbst etwas von Versuchungen wußte, schrieb uns:

> »Ist Ihnen schon einmal ein Mann begegnet, der seine Frau betrog und dabei nicht in schlimme Fesseln geraten ist? Ich habe von Männern gehört, die behaupteten, daß es ihnen gelungen sei. Aber ich habe die Erfahrung gemacht, daß jeder meiner Freunde, der es versuchte, in große Schwierigkeiten geriet, und das möchte ich mir nicht wünschen.
> Meist haben meine Frau und ich ein wunderbares Verhältnis zueinander. Aber das heißt noch nicht, daß man niemals einen Gedanken an eine andere Frau verschwendet, nicht wahr? Gerade jetzt hat es jemand auf mich abgesehen, und um ganz aufrichtig zu sein – ich denke darüber nach.
> Was ich mir wirklich wünsche, ist, daß ich mit meiner Frau darüber sprechen könnte, aber so offen sind wir niemals miteinander gewesen. Darum möchte ich die Frage stellen:

Gibt es jemand, der nie in eine solche Versuchung gerät? Der niemals an dieser Stelle Probleme hat?«

Das ist ein ungewöhnlicher Brief, und es muß ein ungewöhnlicher Mann sein, der so aufrichtig schreiben kann. Aber diese ungewöhnliche Offenheit ist gerade der Grund, weshalb dieser Mann sich nicht wohl fühlen würde, selbst wenn er die reizendste Affäre hätte, die man sich nur denken kann.

Auf die Dauer werden so ehrliche Menschen wie dieser Mann sich selbst mehr achten können, wenn sie in jedem Fall aufrichtig sind.

Die Frage nach der Aufrichtigkeit wird oft gestellt. »Sollen wir immer alles sagen?« – »Wann?« – »Wie?«

Umeinander besorgte Gatten lernen die Kunst, den richtigen Zeitpunkt zu wählen. An manchen Tagen erfordert es all unsere Kraft, nur eben durchzukommen. Einen Menschen in einer solchen Situation noch mehr zu belasten, kann verheerende Folgen haben.

Wir tun auch gut daran, uns die fürsorgliche Frage zu stellen: Würde es meinen Partner im Augenblick mehr verletzen, sich die Sache anzuhören, als es mich verletzen würde, noch eine Weile darüber zu schweigen? Für die meisten Ehen gilt hier die goldene Regel der Bibel mehr als alles andere: Alles, was ihr von anderen erwartet, das tut auch ihnen (Mt 7,12).

Doch bleibt die Tatsache bestehen: Völlige Aufrichtigkeit ist ein Ziel, auf das unsere Liebe hinsteuern sollte. Jeder Ehemann und jede Ehefrau, die miteinander die Bibel studieren, werden es immer wieder entdecken: Persönliche Aufrichtigkeit, Aufrichtigkeit gegenüber dem Partner und Aufrichtigkeit vor Gott sind das Endziel.

Was tun wir für unsere Mitmenschen?

»Wahrlich, ich sage euch: Was ihr getan habt einem von diesen meinen geringsten Brüdern, das habt ihr mir getan« (Mt 25,40).

Würden wir uns auch als Ehepartner näherkommen, wenn wir uns mehr Zeit nähmen, anderen Menschen mit Liebe zu begegnen? Stellen wir uns doch einmal folgende Fragen:
1. Sind wir in dieser Ehe weitgehend auf andere eingestellt?
2. Wieviel von unseren Gedanken, unserer Zeit, unseren Bemühungen, unserem Geld setzen wir für die Bedürfnisse von Menschen ein, die nicht zu unserem Haushalt gehören?
3. Was könnten wir tun in unserer Nachbarschaft, unserer Stadt

Lage anderer Menschen verbessert wird, die gerade das brauchen, was wir geben können?

Eine Dame schrieb uns einen nachdenklichen Brief: »Die meisten von uns wohnen schon lange hier. Und es stimmt wohl, was man uns Einwohnern nachsagt: Wir sind am Anfang ein bißchen zurückhaltend.
Im Herbst vor einem Jahr zog uns gegenüber ein neues Ehepaar ein. Natürlich nahm ich den üblichen Teller mit Gebäck und brachte ihn zu ihnen hinüber. Dabei erfuhr ich ein bißchen aus ihrem Leben, und sie erzählten mir, wo sie herkamen. Ich fragte nicht, warum sie umgezogen waren, machte mir aber meine eigenen Gedanken darüber.
Der Winter ist bei uns oft hart, und der diesjährige machte da keine Ausnahme. Auf jeden Fall fiel uns allen eine merkwürdige Sache auf: Die Frau schaufelte den Schnee weg, schleppte das Holz für den Kamin und machte die meisten Besorgungen. Ich glaube, daß wir uns darüber alle etwas verwunderten, denn ihr Gatte war ein großer, stark und gesund aussehender Mann.
Was jetzt kommt, möchte ich am liebsten gar nicht erzählen. Im Februar starb der Mann. Natürlich statteten wir alle der Witwe unseren Beileidsbesuch ab. Dabei erfuhren wir die ganze Geschichte. Der Mann hatte einen schweren Herzanfall gehabt, und die Ärzte waren sich darüber einig gewesen, daß eine Operation nicht möglich sei. Das zwang ihn zur vorzeitigen Pensionierung. Da das uns gegenüberliegende Haus einer alten Tante gehörte, konnten sie dort mietfrei leben.
Warum schreibe ich Ihnen das? Vielleicht ist das meine Art zu beichten. Die ganze Zeit über hatten wir nichts getan, und jetzt schämen wir uns dafür. Wir schämen uns sogar voreinander. Mein Mann und ich sind uns einig, daß wir uns heute wesentlich besser fühlen würden, wenn einer von uns gesagt hätte: ›Komm mit, laß uns ein wenig Kontakt knüpfen.‹«

Das ist ein gutes Wort, um die Beziehungen zu Hause und nach draußen zu verbessern: »Komm, wir wollen uns ein bißchen umschauen und sehen, was andere machen.«

Verbringen wir zuviel Zeit vor dem Fernseher?

»Trachtet zuerst nach dem Reich Gottes und nach seiner Gerechtigkeit, so wird euch das alles zufallen« (Mt 6,33). »Ihr sollt das Heilige nicht den Hunden geben, und eure Perlen sollt ihr nicht vor die Säue werfen . . .« (Mt 7,6).

Wo verwenden wir zuviel unserer wertvollen Zeit auf zweitrangige Dinge? Wie ein aufglühendes rotes Warnsignal flatterte uns die Antwort auf diese Frage in einem Brief ins Büro: Es ging ums Fernsehen. Was bedeutet es, wieviel Stunden wir vor dem Bildschirm verbringen? Der folgende Brief läßt etwas davon erkennen:

»Wir möchten Ihnen eine Frage stellen, die wir uns selbst vorlegen, und über die wir immer wieder nachdenken. Vielleicht gibt es auch noch andere Ehepaare, die sich damit beschäftigen sollten: ›Bilden wir uns vielleicht ein, in echter Gemeinschaft miteinander zu leben, weil in unserem Haus soviel Unterhaltung zu hören ist?‹

Seit drei Jahren sind wir verheiratet, und am Anfang ging alles gut. Doch neulich stellten wir fest, daß etwas nicht stimmt. Es schien so, als ob wir uns nicht mehr so nahe wären wie früher. Nicht daß wir ärgerlich aufeinander gewesen wären oder daß wir es nicht mehr gewagt hätten, miteinander zu reden, oder daß wir keine Zeit mehr füreinander gehabt hätten. Wir sprachen nur vieles einfach nicht mehr aus.

Wir setzten uns zusammen, um uns über unsere Situation klarzuwerden. Bald hatten wir die Ursache unserer Schwierigkeiten entdeckt: Der wunde Punkt war unser Fernseher. Beim Frühstück hörten wir unsere besonders bevorzugte Nachrichtensendung. Abends, wenn wir von der Arbeit kamen, gab es wieder Nachrichten. Nach dem Abendessen saßen wir vor dem Bildschirm, um unser regelmäßiges Programm zu sehen. Auch an den Wochenenden gab es eine Menge Interessantes – Sport, Golf, sogar Gottesdienste. Sie sehen, es gab eine Menge an Gesprächsstoff bei uns, aber es waren keine Gespräche zwischen uns beiden. In einem Ihrer Bücher schrieben Sie, daß wir testen müßten, ob wir echt miteinander kommunizierten – nicht nur mit unseren Köpfen, sondern auch mit dem Herzen, mit unserer Seele. Unser Problem bestand darin, daß wir zuviel sahen, aber zuwenig mit dem Herzen dabei waren.

Als wir uns über den Grund unserer Schwierigkeiten klar waren, beschlossen wir, unseren Lebensstil zu ändern. Wir entschieden, daß eine Zeit festgesetzt werden sollte, um über wichtige Dinge zu reden und um unsere Gefühle dem anderen verständlich zu machen. Hinter dieser Entscheidung stand die Erkenntnis, daß kein Fernsehprogramm so wichtig ist wie das, was sich zwischen uns beiden abspielt.«

Das ist immer auch Ausdruck großer Liebe: den Tatsachen ins Gesicht sehen, feststellen, was schiefläuft, und dann etwas unternehmen, um die Dinge wieder ins Lot zu bringen.

Wie höflich gehen wir mit unserem Partner um?

»Sie (die Liebe) verhält sich nicht ungehörig, . . . sie läßt sich nicht erbittern . . .« (1. Kor 13,5).

Ein kleines Mädchen antwortete auf die Frage, wie es sich eine gute Ehe vorstelle: »Um etwas Wundervolles aus einer Ehe zu machen, müßte éiner den anderen irgendwie so behandeln, wie man mit Besuch umgeht, viel Zeit für ihn haben, höflich sein und so . . .«

Wie anders würde unsere Ehe aussehen, wenn wir uns diese Vorstellung zu Herzen nähmen und sie in die Tat umsetzten!

Wieviele Punkte würden wir bekommen, wenn jedes »Bitte«, »Danke«, »Entschuldige bitte« und andere Wendungen allgemeiner Höflichkeit, die wir einander erweisen, bewertet würden? Gehen wir mit anderen Leuten manchmal höflicher um als mit unserem Partner?

Klage einer jungen Frau:

»Allmählich verliere ich die Achtung vor meinem Mann. Er ist so nachlässig in seinen persönlichen Gewohnheiten geworden. Manchmal macht er einen fast ordinären Eindruck auf mich. Ich habe mit ihm darüber gesprochen und ihm gesagt, daß mich das abstößt, aber ich glaube nicht, daß er mich verstanden hat – daß er mir auch nur richtig zugehört hat. Was soll ich nur tun?«

Klage eines jungen Mannes:

»Ich mache mir Sorgen um meine Frau und darum, was aus ihr geworden ist. Es fällt mir schwer, es auszusprechen, aber manchmal ist sie geradezu unausstehlich. Man hört kein ›Bitte‹ und kein ›Danke‹ mehr. Ich weiß, daß vieles heute anders ist als zu meiner Kinderzeit, aber sollte gutes Benehmen nicht für jede Generation gültig sein?«

Von einem unbekannten Verfasser stammen die Worte:

»Eine traurige Wahrheit entdeck' ich im Leben beim Wandern von Ost nach West: Die Menschen, die wir am tiefsten verwunden, sind die Menschen, die wir lieben.
Wir schmeicheln denen, die wir kaum kennen, und dienen dem flüchtigen Gast. Doch gedankenlos verletzen wir die Menschen, die wir lieben.«

Vom 1. Buch Mose bis zur Offenbarung betont die Bibel die Tatsache: Echter Glaube wird sichtbar in der Art, wie wir mit anderen umgehen. Sollte sich das nicht auch besonders auf unsere nächsten Angehörigen beziehen? Wir werden im fünften Kapitel noch weiter auf dieses Thema eingehen.

Es tut mir leid

»So bekenne ich denn meine Missetat und sorge mich wegen meiner Sünde« (Ps 38,19).

Wann hat das letzte Mal einer von uns um Entschuldigung gebeten?

Haben wir eingehend darüber gesprochen, warum es vielleicht schwerfällt, sich zu entschuldigen?

Wenn einer von uns sich entschuldigt, wie reagiert dann der andere darauf – freundlich oder unversöhnlich?

Neigt der eine oder der andere von uns dazu, ein wenig pharisäerhaft zu sein? Den Briefen nach zu urteilen, die wir empfangen, scheint die Bitte um Entschuldigung in vielen Ehen ein fast unüberwindliches Problem darzustellen.

In folgendem Brief finden vielleicht auch andere ihre eigene Situation wieder:

»Meinem Mann fällt es unheimlich schwer, zuzugeben, wenn er einmal im Unrecht ist. Allen Männern in seiner Familie geht es so. Daher war es für mich besonders bedeutungsvoll, daß Sie in ›Briefe an Karen‹ schreiben, es sei einerlei, wer den Streit angefangen habe. Was zähle, sei nur, daß einer damit anfange, sich zu entschuldigen.

Es mutete mich fast unheimlich an, daß ich diese Worte ausgerechnet zu einer Zeit las, als wir gerade eine heftige Auseinandersetzung gehabt hatten. Er wollte nicht nachgeben und ich auch nicht. So begann ich mich zu fragen: ›Wie kommen wir bloß wieder heraus aus dieser Geschichte?‹

Dann kam mir eine Idee. Ich schrieb ihm einen Zettel und steckte ihn, bevor er zur Arbeit ging, in seine Tasche. Ich wußte, daß er ihn dort finden würde. Allerdings, das muß ich dazusagen, war ich immer noch der Meinung, daß er mehr schuld sei als ich. Er gab das später sogar zu. Aber was ich auf jenen Zettel geschrieben hatte, war folgendes:

›Es tut mir sehr leid, daß wir nicht miteinander zurechtkommen. Bitte, können wir uns wieder vertragen?‹

Das war alles. Und stellen Sie sich vor, als er meinen Zettel fand, rief er mich sofort an und sagte mir, es sei sein größter Wunsch, sich wieder mit mir zu vertragen. Er meinte, daß er ebenso müde und krank vom Streiten sei wie ich. Dann sagte er sogar, daß es ihm sehr, sehr leid tue – zwei- oder dreimal. Das mag für Sie nicht sehr viel heißen, aber wenn Sie ihn kennen würden, wüßten Sie, daß da ein echtes Wunder geschehen war.

Ich dachte, daß unsere Geschichte Sie vielleicht interessiert. Ich bin wirklich auch zu der Überzeugung gekommen, daß das Wichtigste nicht die Klärung der Schuldfrage ist, sondern wer auf irgendeine Weise bereit ist, die Dinge wieder in Ordnung zu bringen.«

Nörgelt hier jemand zuviel?

»Ein zänkisches Weib und ein triefendes Dach, wenn's sehr regnet, lassen sich miteinander vergleichen« (Spr 27,15).

In unseren Eheseminaren gehört das häßliche Gebiet des »Nörgelns« zu den Standardthemen. Gelegentlich finden wir es angebracht, einige persönliche Fragen zu stellen, die häufig auch in anderen Ehen eine Rolle spielen. Die Teilnehmer sollen dann selbst darüber nachdenken: Gibt es einen gewissen Punkt in unserer Ehe, an dem das Kritisieren unbedingt aufhören muß? Betrifft es nur einen von uns oder uns beide? Wer neigt mehr dazu?

Der kurze Vers aus Sprüche 27,15 trifft natürlich genauso auf den Ehemann zu, der ständig etwas an seiner Frau auszusetzen hat. Die Psychologen sagen uns, daß fast alles Nörgeln auf den seelischen Hintergrund der betreffenden Person zurückzuführen ist. Sie erklären auch, daß die Wurzeln vieler Probleme in mitmenschlichen Beziehungen bereits vorhanden waren, ehe diese Beziehung überhaupt begann. Wenn das stimmt, dann müßte es sich positiv auf eine Ehe auswirken, wenn man diese eigentlichen Ursachen aufdecken könnte.

Als Anregung: Persönlich und gemeinsam wollen wir darauf achten, an welchen Stellen in unserem täglichen Leben wir besonders zum Nörgeln neigen. Dann wollen wir versuchen, diesen Spuren bis in die Vergangenheit nachzugehen und ihren Ursprung zu finden. Anschließend wollen wir über unsere Ergebnisse sprechen.

Mein Mann schenkte mir seine Achtung – Brief einer dankbaren Frau:

> »Ich dachte, vielleicht würde es Sie interessieren, was wir erlebt haben. Vor einigen Jahren hatte ich ungefähr zwanzig Pfund Übergewicht. Manchmal waren es sogar an die dreißig. Die Reaktion meines Mannes äußerte sich in Nörgelei. Und je mehr er mich in negativer Weise kritisierte, desto mehr aß ich. Nun – vor drei Monaten hatte ich Geburtstag. Er schrieb mir einen netten Brief, in dem er ankündigte, daß er von jetzt ab nie mehr ein Wort über mein

Gewicht verlieren würde. Ein ungewöhnliches Geburtstagsgeschenk!

Es bedeutete für meinen Mann wirklich viel. Es war direkt eine Sensation, daß ihm so etwas eingefallen war! Solange ich zurückdenken kann, hat er sich mit diesem Problem herumgeschlagen. Doch jetzt sagt er, daß er es bewältigt habe. Ich kann es noch kaum glauben. Manchmal rutscht ihm noch eine Bemerkung heraus, aber dann brauche ich ihn nur auf eine bestimmte Art anzusehen, und er entschuldigt sich sofort.

Können Sie sich denken, was geschah?

Als ich feststellte, daß er es ehrlich meinte, gab es auch bei mir eine Veränderung. Ich beschloß, mein Bestes zu tun, ihm die Frau wiederzugeben, die er einmal geheiratet hatte. Es war nicht leicht, doch ich war fest entschlossen, diesen Plan durchzuführen, und habe bereits fünfzehn Pfund abgenommen. Ich habe den Kampf noch nicht ganz gewonnen, doch fühle ich, daß ich auf dem richtigen Wege bin. Eines Tages werde ich auch das restliche Übergewicht noch loswerden. Ich kann es gar nicht recht ausdrücken, was das für uns beide bedeutet.«

Zum Miteinanderreden und Aufeinanderhören gehört manchmal auch das Schweigen noch dazu.

Erwarten wir zuviel zu schnell?

»Einzeln nacheinander will ich sie vor dir her ausstoßen, . . .« (2. Mose 23,30).

Die Kinder Israel waren manchmal ungeduldig. Ständig mußten ihre Führer sie darauf hinweisen, daß das verheißene Land nicht mit einem einzigen Riesenschritt erreicht werden konnte. »Einzeln nacheinander, nach und nach« – das kann auch als Motto für unsere Beziehungen angebracht sein. Bei gründlichem Bibelstudium wird uns diese Anmerkung immer wieder begegnen.

Ein paar Fragen zum Nachdenken:

Dringen wir manchmal zu stark auf Änderung oder Korrektur der Verhältnisse?

An welchen Punkten denken wir vielleicht: »Um unsere Beziehung zueinander zu verbessern, bin ich bereit, mich bzw. mein Verhalten zu ändern, aber du setzt mich einfach zu sehr unter Druck«?

Können wir uns an irgendeiner Stelle (oder sogar an mehreren) darauf einigen, wo wir mit der Entspannung beginnen können?

Christoph und Susanne Melzer kamen zur Beratung zu uns. Über die Tatsache, daß sie in ihrer Ehe in Schwierigkeiten geraten waren, waren sie selbst erstaunt. In der Zeit ihrer Freundschaft hatten sie sich hervorragend verstanden. Jeder hatte ihnen vorausgesagt, daß sie ein ideales Ehepaar werden würden. Doch jetzt – nur wenige Monate nach der Hochzeit – sahen die Dinge durchaus nicht mehr so rosig aus.

Nach jedem Redeschwall kehrte Herr Melzer immer wieder zu dem einen Satz zurück: »Ich glaube, wir haben einfach zuviel in zu kurzer Zeit erwartet.«

Diesen Fehler machen viele von uns. Wir denken, daß wir mit dem Betreten der Stufen zum Traualtar bereits die Himmelsleiter erklommen haben.

Doch wer schon lange verheiratet ist, weiß, daß es so nicht geht. Eine glückliche Ehe ähnelt mehr einem »Do-it-yourself-Bausatz«, der allmählich und sorgfältig zusammengefügt wird. Man schleift das Material ab, paßt es ein, leimt, hämmert, firnißt, wachst und poliert daran herum.

Die Einstellung »*Ich* tue das« hilft nicht – »*Wir* tun das« muß es heißen.

Einer unserer Freunde ist Hobby-Handwerker. Mit seinem Schnitzmesser gräbt er Sinnsprüche in Holz. Eine ganze Reihe hübscher Tafeln hat er so schon mit seinen berühmten Sprüchen versehen. Meist verwendet er glatte Platten aus Kiefernholz, Mahagoni, Nußbaum, Eiche oder Ahorn dazu. Doch einmal schrieb er auf ein rauhes Brett, das er vom Strand aufgelesen hatte oder das von einem alten Schuppen stammte: »Radieschen wachsen in ein paar Wochen – Eichen brauchen Jahre.«

Wie beginnen wir ein Gespräch über schwierige Probleme?

»Wie sollen wir anfangen?«

»Können Sie uns ein paar Vorschläge machen, wie wir dahin kommen, daß wir miteinander reden lernen?«

Solche und ähnliche Fragen werden uns gestellt – in Briefen, bei Seminaren und bei Gesprächen jeder Art.

Im vorhergehenden Kapitel zitierten wir bestimmte Verse mit anschließenden Betrachtungen darüber.

Jetzt wollen wir uns einigen Bibelstellen zuwenden, die wir als typische »Eisbrecher« ansehen, die es leichtmachen, ein Gespräch zu eröffnen. Sie können die Fragen zusammen mit Ihrem Partner durchgehen und sich Notizen zu Ihren Gedanken machen. Diese Bibelstellen stammen aus unserer privaten Sammlung hilfreicher Texte und sind jeweils mit einem unserer Symbole: Kerzen, Pfeile oder Fragezeichen versehen. Der Austausch über die einzelnen Stellen hat dazu beigetragen, daß unsere Liebe intensiver wurde.

Ärger

»Alle Bitterkeit und Grimm und Zorn und Geschrei und Lästerung seien fern von euch samt aller Bosheit« (Eph 4,31).

Funken und Blitze von Ärger und Zorn tauchen selbst in der besten Beziehung einmal auf. Sollten wir vielleicht eine wirksamere Methode entwickeln, um mit feindseligen Gefühlen umzugehen, wenn sie gerade hochkommen? Wie kann dieses »seien fern von euch« aussehen, das im Epheserbrief erwähnt wird?

Weitere Bibelverse zum Nachdenken:
Sprüche 15,1; Matthäus 12,25; Römer 12,19; Jakobus 1,19–20.

Treue

». . . Sei getreu bis an den Tod, so will ich dir die Krone des Lebens geben« (Offb 2,10).

Von Theologen kann man hören, daß Gott den Treuen eine

Krone verheißt. Aber ist nicht unsere Treue zueinander ein Teil unserer Treue zu IHM?

Sind wir absolut treu im Verhältnis zueinander? Im buchstäblichen Sinn? Haben wir uns radikal zu leiblicher Treue verpflichtet?

Weitere Verse zum Nachdenken:
1. Mose 2,23–24; Epheser 4,29.

Vergebung

»So zieht nun an als die Auserwählten Gottes, als die Heiligen und Geliebten, herzliches Erbarmen, ... wie der Herr euch vergeben hat, so vergebt auch ihr« (Kol 3,12–13)!

Neigt einer von uns dazu, Groll zu hegen? Oder tragen wir vielleicht beide manche Dinge allzulange nach? Was können wir tun, um uns an diesem Punkt mehr als echte Christen zu bewähren?

Weitere Verse zum Nachdenken:
Matthäus 5,7; 6,14; 18,21–22.

Eifersucht und Neid

»Laßt uns ehrbar leben ... nicht in Hader und Eifersucht« (Röm 13,13).

Besteht ein geheimer Konkurrenzkampf zwischen uns? Sind wir reif genug, diesen Problemen offen zu begegnen, sie ausführlich miteinander zu besprechen und sie dann dem Herrn zu übergeben?

Sind wir uns klar darüber, wo unsere Eifersucht und unser Neid ihren Ursprung haben?

Weitere Verse zum Nachdenken:
1. Korinther 13,4; Galater 5,26.

Geld

»Den Reichen in dieser Welt gebiete, daß sie nicht stolz seien, auch nicht hoffen auf den unsicheren Reichtum, sondern auf Gott, der uns alles reichlich darbietet, ...« (1. Tim 6,17).

Sorgen wir uns zu sehr in Gelddingen? Beherrscht uns das Geld?

Ginge es uns besser, wenn wir eine andere Einstellung zum Ausgeben, Sparen und Teilen hätten?

Weitere Verse zum Nachdenken:
Prediger 5,9; Maleachi 3,10; Lukas 6,38; 2. Korinther 9,6–7.

Lob

»Ein Wort, geredet zu rechter Zeit, ist wie goldene Äpfel auf silbernen Schalen« (Spr 25,11).

Wie oft machen wir Komplimente, loben den anderen, zeigen mit Worten unsere Zuneigung? Häufig? Gelegentlich? Selten? Überhaupt nicht?

Sind wir zufrieden mit unserer Situation, wie sie ist? Was könnten wir tun, um sie zu verbessern?

Zum gemeinsamen Nachdenken:

Das Hohelied Salomos.

Regt uns dieses schöne Lied nicht dazu an, unseren Partner auch zu loben?

Selbstsucht

»Die Liebe . . . sucht nicht das Ihre, . . .« (1. Kor 13,4–5).

Hätten wir eine bessere Ehe, wenn wir es lernten, immer zuerst an unseren Partner zu denken?

Wächst bei uns diese selbstlose Liebe, die in 1. Korinther 13 beschrieben ist? Wie können wir im Umgang miteinander Christus ähnlicher werden?

Weitere Verse zum Nachdenken:

Matthäus 7,12; Lukas 6,31; Römer 12,10; Galater 5,13.

Schwierigkeiten

»Der Herr ist gütig und eine Feste zur Zeit der Not und kennt die, die auf ihn trauen« (Nah 1,7).

Jeder kann lachen, wenn alles gut läuft und man Erfolg hat. Doch wie sieht es bei uns aus, wenn schwere Zeiten kommen?

Treiben die Schwierigkeiten, die wir erleben, uns auseinander oder zusammen?

Weitere Verse zum Nachdenken:

Psalm 30,6; 46,2; 138,7; Römer 8,28.

Wahrhaftigkeit

»Laßt uns aber wahrhaftig sein in der Liebe . . .« (Eph 4,15).

Wo würden wir unsere eigene Wahrhaftigkeit ansiedeln, wenn wir eine Skala von null bis hundert als Gradmesser für absolute Aufrichtigkeit gegenüber dem anderen zur Verfügung hätten? Der Herr wünscht die Aufrichtigkeit unseres Herzens. Bewegen wir uns auf dieses Ziel zu?

Weitere Verse zum Nachdenken:

Johannes 8,32; Philipper 4,8.

Weitere Themen und Texte

In den vorausgegangenen Kapiteln haben wir uns mit einigen schwerwiegenden Problemen befaßt, die in fast jeder Ehe auftauchen.

Jetzt wollen wir uns ein paar anderen Themen zuwenden und Fragen und Schriftstellen anführen, die man weniger oft zu hören bekommt. Das bedeutet allerdings nicht, daß sie deshalb weniger wichtig wären. Eine alte Lebensweisheit sagt: Es gibt kein »kleineres« Problem, wenn es überhaupt ein Problem ist.

Schwiegermütter und andere angeheiratete Verwandte

Konflikte mit der Verwandtschaft sind so alt wie das Alte Testament – es gab sie schon immer. In 1. Mose 27,46 lesen wir: »Und Rebekka sprach zu Isaak: Mich verdrießt zu leben, wegen der Hetiterinnen« (Esaus Frauen s. 1. Mose 26,34).

Wenn unsere Beziehungen zur angeheirateten Verwandtschaft gut sind – sind wir Gott dankbar für dieses Geschenk? Wenn sie nicht gut sind – haben wir die Probleme ehrlich miteinander besprochen und uns gegenseitig angehört, bis wir eine sinnvolle Lösung gefunden haben?

Herr, wir danken dir für unsere Verwandten! Hilf uns, sie zu verstehen und zu achten!

Rentenalter – Pensionierung

Gesetze zur Pensionierung sind keine neue Erfindung. Das achte Kapitel im 4. Buch Mose enthält ausführliche Vorschriften für den Tempel und diejenigen, die dort ihren Dienst taten. In Vers 25 heißt es von den Leviten: . . . »aber von dem fünfzigsten Jahr an sollen sie frei sein vom Amt und sollen nicht mehr dienen« (4. Mose 8,25).

Auf einem unserer Streifzüge durch das Alte Testament setzten wir beide eine Kerze an diese Stelle. Früher hatten wir schon mehrmals darüber hinweggelesen. Nun stand das Wort als neue Erkenntnis vor uns. Mehr noch: Die überaus wichtige Frage tauchte auf: Wie können wir anderen helfen, sich auf diese Zeit ihres Ruhestandes einzustellen?

Wir wollen Gott danken für die Arbeitsgesetze, die den älteren Bürgern von heute eher gerecht werden. Inwieweit können wir uns für weitere angemessene Verfügungen einsetzen?

Wie sieht es mit unserer eigenen Einstellung zur Pensionierung aus? Schauen wir mit offenen Augen und weise in die Zukunft, planen wir klug für diese Zeit? Herr, gib uns einen weiten Blick!

Hingabe

Halbherziger Glaube ist nichts Neues. Ein Pfeil neben 1. Könige 3,3 deutet auf diese ach so menschliche Neigung hin. Wir folgen dem Herrn nach, aber nur ein Stück des Weges. Übergabe des Willens? Ja! Aber nur in begrenztem Maße. Der Vers sagt es ganz klar: »Salomo aber hatte den Herrn lieb und wandelte nach den Satzungen seines Vaters David, nur daß er auf den Höhen opferte und räucherte« (1. Kön 3,3).

Es lohnt sich, einmal darauf zu achten, wie oft diese oder eine ähnliche Feststellung in den Berichten von alttestamentlichen Königen getroffen wird.

Doch wer sind wir, daß wir mit Fingern zeigen dürften?

Herr, hilf uns immer wieder, unsere eigene Hingabe in deinem Licht zu überprüfen!

Die Natur

».. . Wo warst du, als ich die Erde gründete? . . . Worauf sind ihre Pfeiler eingesenkt, oder wer hat ihren Eckstein gelegt, . . . Wer hat das Meer mit Toren verschlossen, . . . Welches ist der Weg dahin, wo das Licht sich teilt und der Ostwind dahinfährt über die Erde? . . . Kannst du deine Stimme zu der Wolke erheben, damit dich die Menge des Wassers überströme? . . . Fliegt der Adler auf deinen Befehl so hoch, . . .?« (Hiob 38–39).

Jedesmal wenn wir beim Lesen unserer Bibel an diese Kapitel aus dem Buch Hiob kommen, hören wir die Fragen aufs neue zu unserem eigenen Gewinn. Sie erfüllen uns mit Verwunderung. Sie stimmen uns ein in die große Harmonie um uns. Sie bringen uns dazu, mit dem Psalmisten auszurufen: »Herr, unser Herrscher, wie herrlich ist dein Name in allen Landen . . .« (Ps 8,2). Unsere Kerzen im Buch Hiob weisen auf neue Einsichten hin. Die Pfeile zeigen uns unsere Nachlässigkeit.

Die Fragezeichen mahnen uns zur Überprüfung: Sind wir dankbar genug für die verschwenderische Liebe Gottes, die uns in der Natur begegnet? Erkennen wir sie überhaupt?

Schlaf

». . . zu Recht gibt der Herr den Seinen den Schlaf« (eine Übersetzungsmöglichkeit von Ps 127,2). Interessant, wie oft man Klagen über Schlafgewohnheiten und -umstände zu hören bekommt:

> »Es scheint, als ob wir unseren inneren Rhythmus einfach nicht aufeinander abstimmen könnten. Einer von uns geht früh zu Bett und steht auch früh wieder auf. Der andere geht spät schlafen und ist morgens nicht so leicht rauszubringen. Sie denken vielleicht, das wäre ganz lustig? Na ja, das dachten wir zuerst auch. Aber im Laufe der Jahre erkannten wir, daß wir auf diese Weise auch immer mehr aneinander vorbeileben.«

> »Stellen Sie sich vor: Jeden Abend setzt sich mein Mann nach dem Abendbrot in seinen großen Lieblingssessel, stellt den Fernseher an und schläft kurz darauf schon tief und fest. Wie soll sich eine Frau mit einer solchen Schlafmütze unterhalten können?«

> »Meine Frau sagt, daß sie unbedingt acht bis zehn Stunden Schlaf braucht, weil sie es sonst mit ihrem Beruf nicht schafft. Ich habe ihr geantwortet, daß sie es sich angewöhnen kann, mit weniger Schlaf auszukommen. Sie muß es nur einmal versuchen. Ich habe es ausprobiert und brauche nur noch etwa sechs Stunden, manchmal reichen sogar fünf. Sie können sich kaum vorstellen, wie oft wir uns über diesen Punkt streiten . . .«

Solche und ähnliche Briefe erreichen uns oft. Einige Fragen dazu: Gibt Gott allen die gleichen Gaben? Wie lange ist es her, daß wir uns beide einmal gründlich von einem Arzt untersuchen ließen?

Wenn wir uns daran gewöhnten, immer mal ein Kurzschläfchen von einigen Minuten einzulegen, wäre das eine Hilfe, unsere Zeit wieder besser koordinieren zu können?

Wenn wir die häuslichen Pflichten besser aufteilten, könnte das das Gefühl der Müdigkeit abbauen helfen?

Welche Kompromisse zur Entspannung können wir finden und ausprobieren?

Was tun wir außer dem Schlafen noch zur Entspannung? Was wäre möglich auf diesem Gebiet?

Und um dem Thema »Schlaf« noch einen ganz anderen Aspekt zu geben, sollten wir uns einmal über die andere Version von Psalm 127,2 unterhalten: ». . . denn seinen Freunden gibt er es im Schlaf!«

Heiterkeit

»Ein fröhliches Herz tut dem Leibe wohl; aber ein betrübtes Gemüt läßt das Gebein verdorren« (Spr 17,22).

Das gilt für den einzelnen. Das gilt auch, wo zwei zusammenleben. Wäre unsere Ehe glücklicher, wenn wir uns bemühten, fröhlich zu sein?

Sehen wir den Dingen ins Gesicht, die unsere Beziehung zueinander verdüstern?

Nehmen wir uns Zeit, über das Leben zu lachen und uns aneinander zu freuen?

Weitere Verse zum Nachdenken:
Psalm 43,4; Prediger 3,12–13; Johannes 15,11.

Schweigen

Matthäus 27,14; Markus 14,61; 15,5; Lukas 23,9.

Manchmal ist Schweigen Gold. Manchmal ist Schweigen aber auch eindeutig Feigheit. Jeder von uns weiß, daß Schweigen zu einer Zeit, wo wir reden sollten, eine Beziehung kaputtmachen kann. Doch wir sollten auch nicht vergessen, daß die einzig richtige Antwort manchmal (vielleicht nur vorübergehend, vielleicht auch beständig) ist, nicht zu antworten.

Die verschiedenen Stellen über die Gerichtsverhandlung Jesu geben uns eine ganz klare Anweisung: Wenn nichts zu sagen ist, dann sage auch nichts!

Vielleicht müßten wir einmal ausführlicher darüber sprechen, wie und wann wir in solchen Augenblicken der Spannung christusähnlicher auftreten können.

Freundschaft

Johannes 15,14; 1. Johannes 3,14–18; Jakobus 4,4.

Hier wimmelte es von Pfeilen mit einigen scharfen Fragen zum Thema Freundschaft: »Es gibt Allernächste, die bringen ins Verderben, und es gibt Freunde, die hangen fester an als ein Bruder« (Spr 18,24).

Hätten wir mehr Freunde, wenn wir selbst freundlicher wären? »Von Unzucht aber und jeder Art Unreinheit oder Habsucht soll bei euch nicht einmal die Rede sein, wie es sich für die Heiligen gehört. Auch schandbare und närrische oder lose Reden stehen euch nicht an, sondern vielmehr Danksagung. Denn das sollt ihr wissen, daß kein Unzüchtiger oder Unreiner oder Habsüchtiger – das sind Götzendiener – ein Erbteil hat im Reich Christi und Gottes« (Epheser 5,3–5).

Schließen wir uns den richtigen Leuten an oder geraten wir in negative Beziehungen hinein?

Wir sollten uns auch über folgende Fragen ernsthafte Gedanken machen: Wie finden wir einen angemessenen Lebensstil unter Vermeidung von überflüssigem Luxus? Sind wir als Christen reif genug, die Sünde zu meiden, aber den Sünder zu lieben? Wird in unserer Gemeinde all das verwirklicht, was an Freundschaft und Liebe in der Familie Gottes möglich ist (1. Joh 3 u. 4)?

Wichtige Fragen verlangen ausführliche Antworten. Vielleicht sollten wir die einschlägigen Stellen dazu immer wieder lesen . . .

Doch die wichtigste Frage ist: Wie gehen wir mit dem Freund aller Freunde um?

»Ihr seid meine Freunde, wenn ihr tut, was ich euch gebiete« (Joh 15,14).

Kritik

»Wir kennen einen Mann, der mit seiner Frau zusammen ständig über andere Leute herzieht. Niemand entgeht ihrem Urteil. Jeder findet ihr Gerede ermüdend, und wir langweilen uns auch dabei . . .« Doch – willkommen im Club der Kritiker – werden wir nicht genau an diesem Punkt, wo wir uns ein Urteil über diese Leute erlauben, zu ihrem Richter? Und womit sind wir dann besser als sie?

So geht es mit der Kritik – sie brütet immer neue Kritik aus. Sie hat etwas Unheimliches an sich. Wir üben sie, ohne es zu merken. Sie beeinflußt unser ganzes Verhalten.

Sollten wir uns als Ehepaar nicht gemeinsam darin üben, uns in Kritik und vorschnellen Urteilen zurückzuhalten?

Die Aussagen der Bibel zu diesem Thema klingen mahnend in unseren Ohren:

Matthäus 7,1–5; Johannes 7,24.51; 8,7; Römer 2,1; Titus 3,2; Jakobus 3.

Lieber Herr, laß mich deine Mahnungen hören, bevor ich rede. Schließe du mir den Mund, wenn ich Dinge sagen will, die du nicht für gut hältst.

Unsere alten Freunde

Es gibt Menschen, die sich mit ihren Fragen und anstehenden Entscheidungen zuerst an die Bibel wenden und darin nach Antworten suchen. Für solche Leute haben wir dieses Kapitel aufgenommen. Es enthält Bibelabschnitte, die für uns besonders wichtig waren, und jede einzelne dieser Aussagen hat zu unserer besseren Verständigung beigetragen.

Zu den Eigenarten des Wortes Gottes gehört, daß es sich nicht abnutzt, daß es niemals seine Wirkung verliert. Ein bestimmter Vers mag uns beim ersten Lesen einer Schuld oder eines Unrechts überführen. Das nächste Mal kann die gleiche Stelle eine ganz neue Erkenntnis für uns bedeuten. Und beim dritten Mal mag eine Frage auftauchen, die uns bisher nicht kam und deshalb unbeantwortet blieb. Ein viertes Lesen dieser Aussage mag eine Reihe von Streiflichtern auf allerlei Dinge fallen lassen.

Auch hier möchten wir Sie wieder dazu anregen, sich Ihre eigenen Gedanken und Einsichten zu notieren. Oft schreiben wir in unserer Bibel ein paar aktuelle Notizen an den Rand und fügen das Datum dazu. Beim nächsten Lesen können uns diese Worte einen Ausblick auf Dinge eröffnen, die wir vorher gar nicht gesehen haben.

Die folgenden Beispiele wurden aufs Geratewohl ausgesucht.

Nachdem wir das Alte und das Neue Testament dreißigmal durchgelesen haben, ist eine wundervolle Beziehung zur Bibel daraus erwachsen. Fast jede Seite und jedes Kapitel erscheint uns wie ein alter Freund.

Lassen Sie sich ein paar unserer alten Freunde vorstellen.

Nehemia

Wer das Bibelstudium zu zweit ernsthaft praktiziert, wird in der Bibel ganz bestimmte Lieblingsbücher und -verse finden. Für uns gehört das Buch Nehemia dazu. Jede Seite davon ist voll mit Kerzen, Pfeilen und Fragezeichen. Aus unserer eigenen Beschäftigung mit diesem Buch haben wir hier eine Auswahl von bemerkenswerten Versen zusammengestellt, und zwar einen Vers aus jedem der dreizehn Kapitel des Buches.

Am besten lesen Sie diese Stellen gemeinsam und notieren sich Ihre Gedanken und Erkenntnisse.

Nehemia 1,4; 2,2; 3,5; 4,3; 5,19; 6,2; 7,2; 8,10; 9,21; 10,36; 11,2; 12,43; 13,14. 22.31.

Psalm 90–97

Einige Wochen lang beschäftigten wir uns im Gespräch nur mit einzelnen Kapiteln. Der obengenannte Teil der Psalmen bot sehr viel Material zur Diskussion, sehr viel an neuer Erkenntnis, viele Pfeile und Fragezeichen, so viele Gedanken, die wir miteinander teilen konnten:

Psalm 90,14 (Pfeil); 91 (Stern); s. S. 53); 92,3–4 (Kerze); 92,12 (Pfeil); 94,12 (Kerze und Fragezeichen); 96,13 (Fragezeichen).

Matthäus 6,25–34

Gelegentlich beschäftigen wir uns in einer Woche so intensiv mit einzelnen Texten, daß wir nicht über einen kleinen Abschnitt eines ganzen Kapitels hinauskommen:

Matthäus 6, Vers 25 (Pfeil, Kerze, Fragezeichen); Vers 27 (Fragezeichen); Vers 28 (Kerze); Vers 31 (Fragezeichen, Pfeil); Vers 34 (Fragezeichen, zwei Pfeile). Manchmal ergeben sich aus einem einzigen Vers für uns gleichzeitig neue Einsichten, Schulderkenntnis und ein oder zwei Fragezeichen.

Johannes 21

Dies ist ein weiteres Kapitel mit vielen Symbolen am Rand, über die wir viel geredet haben:

Johannes 21, Vers 6 (Fragezeichen); Vers 10 (Pfeil); Vers 25 (Kerze); Verse 15–19 (Kerze, Pfeil, Fragezeichen).

Bibelstudium zu zweit in der Praxis

Wenn wir unser Bibelstudium zu zweit als Grundlage für geistliche Partnerschaft auf Eheseminaren vorstellen, treten immer wieder Fragen auf, wie es denn im einzelnen in der Praxis zu verwirklichen ist. Wir wollen hier auf die Fragen eingehen, die uns am häufigsten gestellt werden.

»Wo sollte man mit dem Bibelstudium zu zweit beginnen?«

Wir halten es nicht für empfehlenswert, mit 1. Mose 1 anzufangen und dann die Bibel im ganzen durchzulesen. In manchen Ehen ist der eine Partner in der Bibelkenntnis weiter fortgeschritten als der andere. Doch selbst erfahrenere Bibelleser können entmutigt werden, wenn sie mit 1. Mose 1 anfangen. All die Stammbäume, die Schlachten, die Grausamkeiten, die Stellen, an denen der Haß an die Oberfläche kommt, sind eine gewisse Überforderung. Für uns boten die Psalmen oder die Sprüche Salomos einen guten Einstieg ins Alte Testament. Den Weg ins Neue Testament führten uns die Evangelien. Aber warum sollte man nicht einmal mit 1. Korinther 13 anfangen?

»Schlagen Sie vor, daß wir beide die gleiche Übersetzung benutzen?«

Wir haben am meisten von unseren Studien, wenn wir verschiedene Übersetzungen benutzen. Zur Zeit liest einer von uns eine Ausgabe in einer auf 850 Wörter reduzierten Grundsprache und der andere eine auf dem Syrischen basierende Übersetzung des griechischen Originals. Der Unterschied ist faszinierend – die einfachste und die gelehrteste Sprache, die uns verfügbar sind, stehen sich dabei gegenüber. Uns scheint es, als ob wir durch ein Teleskop mit riesiger Brennweite hindurchschauen.

Wir meinen, daß eine der besten modernen Übersetzungen »Die gute Nachricht in heutigem Deutsch« ist.

Wir versuchen, möglichst viele moderne Übersetzungen zu benutzen und sie in unser Bibelstudium einzubeziehen. Besonders an den Stellen, die wir mit Fragezeichen versehen haben, ist es hilfreich, neuere Übersetzungen zu benutzen. Diese etwas ungewohnteren Formulierungen mit den älteren Versionen zu vergleichen, bringt uns oft zu ganz neuen Einsichten.

»Stimmt es, daß manche Übersetzungen dem Urtext näherkommen als andere? Ich ging zu einer Zeit in die Sonntagsschule, als man nur die alte Lutherbibel benutzte und gar keine andere Übersetzung in Frage kam. Was meinen Sie dazu?«

Es steht ohne Zweifel, daß sie etwas Besonderes ist. Wenn es um sprachlich schöne und eingängige Formulierungen geht, kann sie nicht überboten werden. Doch nachdem wir immer wieder mit neueren Übersetzungen gearbeitet haben, sind wir überzeugt, daß sie teilweise dem Urtext näherkommen, als die alte Lutherübersetzung. Eigentlich leuchtet das auch ein, oder nicht? Auf jedem Gebiet gibt es Experten, die durch ihr Forschen der Wahrheit ständig ein Stückchen näherrücken. Wenn Sie aber auf die Lutherformulierungen nicht verzichten wollen, dann wählen Sie doch den Luthertext in der Revision von 1984, der sehr zu empfehlen ist.

2. Petrus 1,21 sagt uns, daß die Bibel von Männern geschrieben wurde, die der Heilige Geist dazu antrieb. Wir Christen glauben, daß der Heilige Geist heute noch genauso aktiv ist wie damals. Auch zeitgenössische Theologen können Kanäle seiner sich ständig offenbarenden Wahrheit sein.

Sollten wir manche Passagen überspringen?

Ja, zumindest am Anfang. Später ziehen Sie es vielleicht vor, die Bibel von vorn bis hinten durchzulesen. Wenn wir in Traurigkeit und unter besonderen Belastungen die Bibel lesen und darin eine Hilfe für unsere Probleme suchen, lernen wir schon bald die Stellen kennen, die uns trösten und uns etwas vom Segen Gottes spüren lassen. Bitten wir den Herrn dabei um seine Führung, so wird er uns durch seinen Heiligen Geist Verse und Kapitel zeigen – manchmal sogar ganze Teile eines Buches –, die auf unsere besonderen Bedürfnisse zu bestimmten Zeiten eingehen.

»Wenn wir nach Ihrer Methode die Bibel lesen, kommt es dann nicht zu Schwierigkeiten, wenn einer von uns viel schneller liest als der andere?«

Für diesen Fall haben wir folgendes vereinbart: Wenn einer von uns ein ganzes Buch der Bibel beendet hat, wartet er auf den anderen, bis dieser auch soweit ist. Bei uns liest der eine von Natur aus sehr viel schneller als der andere. Das erfordert Anpassungsfähigkeit. Es ist nicht unsere Absicht, daß wir Kapitel für Kapitel zur gleichen Zeit lesen. An einem Tag schafft der eine vielleicht nur ein paar Verse, am nächsten Tag werden zwei oder fünf Kapitel bewältigt. Unser wöchentlicher Austausch führt uns irgendwo in einem mittleren Bereich wieder zusammen.

»Halten Sie es für wichtig, daß man einführende Literatur zur Bibel liest, ehe man sich der Bibel selbst zuwendet?«

Nein. Bei einem ernsthaften Studium ist es zwar wichtig, auch andere Literatur zur Bibel zu lesen, aber nicht, bevor man sich mit dem Wort Gottes selbst beschäftigt hat. Bücher über die Entstehung der Heiligen Schrift können interessante Hintergrundinformationen vermitteln. Auch Auslegungen zu den einzelnen Büchern der Bibel sind eine gute Hilfe. Von verschiedenen christlichen Verlagen wird dazu eine Fülle von Material angeboten, das auf die verschiedensten Bedürfnisse zugeschnitten ist. Dieses mehr allgemeine Lesen und Studieren biblischer Hintergründe vergleichen wir für uns mit einem »Hubschrauberflug über biblisches Gelände«. Doch dieser »Hubschrauberflug« ist keinesfalls eine Voraussetzung für die gemeinsame Wanderung durch die biblischen Bücher.

»Gibt es Bibelkommentare oder Einführungen in die Bibel, die Sie uns besonders empfehlen können?«

Wir empfehlen Ihnen, sich in einer christlichen Buchhandlung beraten zu lassen oder sich durch die Prospekte einzelner Verlage zu informieren. Auf S. 76 finden Sie eine Liste gängigen Bibelstudienmaterials.

»Wie lange wird es ungefähr dauern, bis wir gemeinsam die Bibel einmal durchgearbeitet haben?«

Es gibt 1189 Kapitel in der Bibel. Fängt man beim 1. Buch Mose an und liest bis zur Offenbarung je ein Kapitel pro Tag, dann braucht man etwas mehr als drei Jahre dazu. So sind wir allerdings nicht vorgegangen. Wir haben manchmal zwei Jahre benötigt, manchmal aber auch wesentlich länger.

Wir Menschen sind alle so verschieden veranlagt, daß man keine allgemeingültige Antwort auf diese Frage geben kann. Doch da in diesem Fall die Geschwindigkeit nicht belohnt wird, muß man nicht unbedingt Eile an den Tag legen. Notwendig ist nur, daß wir das Lesen nicht vernachlässigen und uns viel Zeit zum Miteinanderreden und Aufeinanderhören nehmen.

»Was ist, wenn uns nun Fehler bei der Auslegung der Schriftstellen unterlaufen? Kann das nicht gefährlich werden?«

Nein, das glauben wir nicht. Wenn wir unserem fortlaufenden Bibelstudium treu bleiben, hat Gott Mittel und Wege, unsere Irrtümer zu korrigieren. Er führt uns von den Seitenwegen wieder zurück auf die Hauptstraße. Wir können uns auf die biblische Wahrheit verlassen: Wenn eine Sache von Gott kommt, wird er uns segnen, kommt sie nicht von ihm, wird er uns bewahren.

»Verwenden Sie auch noch andere Symbole außer den Kerzen, Pfeilen und Fragezeichen?

Ja, das schon, aber Kerzen, Pfeile und Fragezeichen sind unsere ureigenen Markierungen, die wir uns selbst ausgedacht haben. – Doch sind sie wirklich so einzigartig? In Prediger 1,9 steht: »Was geschehen ist, eben das wird hernach sein. Was man getan hat, eben das tut man hernach wieder, und es geschieht nichts Neues unter der Sonne.« Diese Aussage ist nach unserer Erfahrung mehr als die Beobachtung eines alttestamentlichen Zynikers. Fast alles ist irgendwann, vor langer Zeit, schon einmal dagewesen.

Nachdem wir begonnen hatten, unsere Bibeln mit unseren Symbolen zu markieren, entdeckten wir, daß es bereits ähnliche Methoden gab – manche wurden schon vor Jahrhunderten verwendet. Wir lernten von Mönchen und Nonnen aus dem Mittelalter. Auch von heutigen Gruppen in anderen Ländern, wie z. B. Schweden und Italien, lasen wir, wie sie entstanden, wie sie sich entwickelten und wie sie ihre Bibel ebenfalls mit bestimmten Symbolen kennzeichneten.

Wir benutzen folgende zusätzliche Markierungen: »Dreieck mit Spitze nach unten« bedeutet: negativ – liegt darin nicht das Gegenteil einer christlichen Haltung?

»Ausrufungszeichen« meint: aufsehenerregend . . . ungewöhnlich. »Stern« heißt: äußerst wichtig . . . man sollte es niemals vergessen – schreib dir's ins Herz, präge es dir ein.

Ein »Pluszeichen« steht für eine positive Aussage, die wir gerade im Augenblick benötigen.

»Wellenlinie« am Rand heißt: lies diesen Abschnitt noch einmal, um das Wesentliche herauszuholen. Diese zusätzlichen Symbole gebrauchen wir nur sehr selten. In den Bibeln auf unseren Regalen finden sich Tausende von Kerzen, Fragezeichen und Pfeilen, aber nur ganz wenig andere Symbole.

»Mein Partner weiß immer alles besser.«

Zwei Briefauszüge, in denen es um dieses Problem geht:

»Jedesmal, wenn wir uns hinsetzen, um über die Bibel zu sprechen, hat mein Mann schon alle Antworten parat. Es interessiert ihn nicht, was ich darüber denke. Er hält sich für sehr klug. Wie lange würden Sie das Bibelstudium mit einem solchen Partner aushalten?«

»Wenn Sie mit einer Frau verheiratet wären, die buchstäblich alles weiß – was würden Sie dann tun?«

Das sind sehr traurige Aussagen. Das Grundprinzip des Bibelstudiums zu zweit heißt: Wir müssen die verschiedene Denk- und Empfindungsweise des anderen respektieren. Wir sollten unseren Partner auch zu neuen Gedanken und Einsichten ermutigen. Dann erleben wir das Wunder, daß wir, je mehr wir der von Gott gegebenen Individualität Raum lassen, desto mehr zu einer von Gott geschenkten Einheit zusammenwachsen.

Und entspricht nicht diese Achtung vor der persönlichen Einsicht unmittelbar der biblischen Aussage: Gott hat seine Weisheit den Weisen und Klugen verborgen, aber den Unmündigen offenbart (Mt 11,25)?

Nun noch zwei Fragen für diejenigen, die an solchen »Besserwisser«-Typen leiden: Gibt es einen psychologischen Grund, warum mein Partner unbedingt dominieren muß? Und gibt es einen Weg, diesen Neunmalklugen in ein Gespräch über seine Eigenart zu bringen, entweder mit mir, oder mit einem berufsmäßigen Berater?

»Halten Sie die Ergebnisse Ihres Bibelstudiums zu zweit bzw. Ihres Austausches darüber schriftlich fest?«

Ja, einige Gedanken notieren wir uns. Aber das wichtigste »Protokoll« findet sich in unserer Bibel: Jeden Tag schreiben wir in unserer Stillen Zeit das Datum an den Rand. Auf diese Weise werden unsere Bibeln mit all den Symbolen und Daten zum Spiegel unseres geistlichen Weges.

»Stimmt es, daß der Austausch über Ihre Erfahrungen mit der Bibel ein Hauptbestandteil Ihrer wöchentlichen Verabredung (S. 60) ist?«

Nein. Unsere wöchentlichen Verabredungen sind Zeiten, die der intensiven Gemeinschaft auf anderen Ebenen gewidmet sind: Zärtlichkeiten, gemeinsamen Freuden und allen möglichen Gesprächen, die nicht unbedingt mit dem Bibelstudium zusammenhängen.

Über unsere Symbole aus der Bibellese tauschen wir uns meist zu Hause auf dem Sofa aus. Manchmal ist das am frühen Morgen, manchmal aber auch spät abends, wenn unsere Kräfte das noch zulassen. Es kann auch am Wochenende sein. Eine weitere gute Gelegenheit sind für uns die Zeiten, in denen wir gemeinsam im Auto unterwegs sind. Könnte das nicht auch für andere Ehepaare eine Möglichkeit sein? So entsteht eine »Kapelle auf Rädern«!

»Wäre es nicht eine gute Idee, die ganze Familie in das Bibelstudium mit einzubeziehen?«

Dabei würden Kinder und Eltern im Gespräch bleiben. Noch einmal zum Schluß: Für Ehepaare gibt es nichts Besseres als das Bibelstudium zu zweit.

Teil II

Wie wohl tut ein Wort
zur rechten Zeit!

Sprüche 15,23

Zeiteinteilung

»Was ist nur aus unserer Liebe geworden? Wir waren uns so nahe, so sehr aufeinander eingestellt. Und jetzt geht es uns wie in dem alten Lied: ›Sag mir, wo die Blumen sind . . .‹«

Unmittelbar nach einem unserer Eheseminare erreichte uns dieses leise Seufzen eines jungen Ehemannes. Am Ende eines traurigen Selbstgesprächs faßte er seine Gedanken so zusammen:

»Ich glaube, ich weiß, wo der Fehler liegt. Wir sind zu beschäftigt; wir gehen in Arbeit unter.«

Und hier eine weitere typische Aussage – sie stammt von einer einsamen Hausfrau:

Gerhard und ich haben uns so gut verstanden. Wenigstens sehe ich das in meiner Erinnerung so. Und er sagt es auch.
Ich glaube, daß es wirklich so war. Vor unserer Heirat gehörte es zu den schönsten Dingen, daß wir über alles und jedes miteinander reden konnten. Ich meine wirklich *alles*: unsere Hoffnungen und Enttäuschungen, unsere Liebe zueinander, das, was wir liebten und das, was wir nicht mochten, unser Versagen und unsere Schuld – einfach alles.
Und was geschah? Wir bekamen drei Kinder. Das bedeutete: keine Zeit mehr – nahezu gar keine freie Zeit mehr, Fahrgemeinschaften, Musikstunden, Beulen, Quetschungen, Krach, kleine Fragen, kleine Antworten, große Fragen, große Antworten, usw. usw.
Aber das ist noch nicht alles. Da gibt es Nachbarn, mit denen man Kontakt pflegen möchte, Freunde, die man treffen möchte – und ja, dann unsere berufliche Tätigkeit. Ich vergaß, zu erwähnen, daß wir beide berufstätig sind. Gerhard ist im Außendienst für seine Firma. Es ist eine gute Sache und macht ihm Spaß, aber er ist immer so schrecklich müde.
Ich bin Krankenschwester und habe auch Freude an meinem

Beruf. Aber ich bin genauso erschöpft, wenn ich von der Arbeit zurückkehre. So kommen wir beide nach Hause und würden uns gerne hinsetzen und miteinander reden, uns an den Händen halten, zärtlich sein. Aber statt dessen ist das Essen zu kochen, und nach dem Essen muß man abwaschen, die Mahlzeiten für morgen planen, das Haus aufräumen und saubermachen und die Hausaufgaben beaufsichtigen. Dann sind da noch Telefonate zu erledigen und ... haben Sie jemals gezählt, was alles den Ablauf Ihres Abends unterbricht?

So fallen Gerhard und ich dann später buchstäblich ins Bett. Fallen ist das einzig richtige Wort. Total erschöpft.

Am Morgen geht es dann von vorne los: Frühstück machen, Butterbrote packen, Stundenplan überprüfen, Mittagessen vorbereiten und – ›Tschüs!‹, ›Sei vorsichtig!‹, ›Ich liebe dich!‹ plus einer Menge anderer Dinge, die man dem anderen in letzter Minute noch nachruft.

Unsere Wochenenden sind immer die totale Katastrophe. Und das liegt nicht zuletzt auch an der Gemeinde, so traurig das ist!

Doch wir möchten sie auf gar keinen Fall aufgeben. Das wäre den Kindern gegenüber nicht recht, und wir haben auch so viele Freunde in der Gemeinde. Aber manchmal überlege ich, ob irgend jemand aus der Gemeinde überhaupt weiß, wie abgehetzt und aufgerieben wir sind.

Manchmal könnte ich heulen über die Art, wie Gerhard und ich uns anschauen. Es scheint, als ob ein Teil unserer Person aus großer Einsamkeit heraus riefe: ›Hey, du auf der anderen Seite, du siehst aus, als könne man mit dir reden. Ich wünschte, ich könnte dich kennenlernen. Ich meine, ich wünschte, ich könnte dich noch einmal neu kennenlernen.‹ Ich bin sicher, daß es Gerhard genauso geht wie mir, denn wir lieben uns wirklich. Wenigstens als wir vor kurzem einen Augenblick hatten, wo wir darüber sprechen konnten, sagten wir uns noch, daß wir uns lieben. Doch manchmal denke ich – all dies Einander-Zuwinken, das Hinüberrufen über einen Abgrund – wie lange kann das so weitergehen? Was ist, wenn wir bereits gefährlich nahe daran sind, uns fremd zu werden? Was wird, wenn wir es schon sind?«

Die große Täuschung

An dieser Stelle machen viele Paare einen großen Fehler. Es ist geradezu der Denkirrtum Nummer eins, die große Täuschung in den meisten Ehen. Da heißt es dann: »Irgendwann in der Zukunft werden wir eine Menge Zeit zur Verfügung haben, Liebling. Wenn wir uns ein bißchen erholt haben . . . wenn das Auto bezahlt ist . . . wenn die Hypothek nicht mehr ganz so hoch ist . . . wenn ich in eine andere Gehaltsstufe komme . . . wenn wir mehr gespart haben . . . wenn die Kinder etwas älter sind . . . wenn der stärkste Druck weg ist . . . – dann können wir uns entspannen, dann werden wir es leichter haben, dann wollen wir es uns schön machen, reisen, uns freuen, einfach das Beisammensein genießen.«

Und was geschieht? Wir erreichen das, wovon wir uns Erleichterung versprochen haben, aber wo ist die Erleichterung? Unsere Tage sind immer noch überfüllt mit diesem und jenem. Und »sag mir, wo die Blumen sind, wo sind sie geblieben?« Wir sind hinter einem Trugbild hergelaufen und haben in einer großen Täuschung gelebt.

Auf diese Weise werden wir niemals Zeit finden – Zeit für wichtige Dinge, Zeit, um Freundschaften anzuknüpfen und zu pflegen, Freundschaft untereinander und mit Gott. Diese Art von Zeit *findet* man nicht – diese Art von Zeit wird nur *geschaffen*! Und zu den größten Schöpfern von Zeit gehört das Bibelstudium zu zweit.

Wie können wir Zeit schaffen?

Das Wort »Bund« hat für alle Menschen, die von der christlichen Religion geprägt sind, einen besonderen Klang. Lexika definieren »Bund« als »Übereinstimmung zwischen zwei oder mehr Personen«, als »Abmachung« oder »Vertrag« oder als »Gelübde, das man sich gibt«.

Wenn wir heiraten, geloben wir zu lieben, zu ehren, zu pflegen und zu umsorgen. Manche versprechen sogar, zu gehorchen – und wir alle versprechen, treu zu sein.

Das sind wunderbare Gelöbnisse – aber kommen wir damit zurecht? Die Scheidungszahlen besagen etwas anderes.

Einer meiner Professoren, ein echter Spaßvogel, brachte uns bei einer Prüfung völlig durcheinander mit der Aufgabe: »Definieren Sie das Universum und nennen Sie drei Beispiele dafür!« Wir fingen an zu lachen und wandten uns der nächsten Frage zu.

Manche Dinge sind so unantastbar und überwältigend, daß man nur staunend und etwas ratlos davorstehen kann. Und vielen Menschen geht es mit dem Ehebund ähnlich. Er erscheint ihnen zu großartig, zu gewaltig, zu weit vom Alltagstrubel entfernt.

Was könnten wir tun?

Ein möglicher Weg, den großen, gewaltigen Ehebund auszuleben, ist, ihn in viele kleine Abmachungen aufzuteilen.

Unsere wöchentliche Verabredung

Zu Beginn unserer Ehe gelobten wir uns:

»Was es auch immer kosten wird, wir wollen niemals zulassen, daß unsere Liebe zueinander durch etwas anderes verdrängt wird. Sei es Erfolg, seien es Kinder, seien es Schwierigkeiten – was auch immer auf uns zukommt – nichts soll wichtiger sein als unser Miteinander. Da wir das so deutlich erkannt haben, wollen wir (wenigstens) einmal in der Woche zusammen ausgehen – wie früher zu einem Rendezvous.

Eine Zeit der Romantik bei Kerzenschein, eine Zeit der Freude soll es sein. Eine Zeit zum Träumen und zur gemeinsamen Erinnerung. ›Weißt du noch . . .‹ Aber vor allem soll es eine Zeit tiefster

Gemeinschaft sein, wo wir unsere Liebe teilen, indem wir miteinander reden und aufeinander hören.«

Und war diese Abmachung erfolgreich? Ja, voll und ganz! 45 Jahre mal 52 Wochen ergeben 2340 wöchentliche Verabredungen. Wie sollte der Partner da nicht der allerbeste Freund werden, wenn man soviel Zeit für die Beziehung investiert?

Fällt einmal eine Woche aus, dann holen wir den Termin in der darauffolgenden nach – oder auch in der übernächsten. Es gibt keine Entschuldigung, absolut keine.

Gewöhnlich verbinden wir unser Zusammensein mit einem Abendessen. Manchmal gibt es aber auch Wochen, die so mit Arbeit ausgefüllt sind, daß keine Abende freibleiben. Dann verabreden wir uns für ein gemeinsames Mittagessen. Dabei geht es uns nicht um ein besonders teures Restaurant. Vor allem in den ersten Jahren hätten wir uns das niemals leisten können. Wir suchen einfach einen netten, gemütlichen Platz. In der Zeit, als es uns finanziell nicht so gutging, machten wir manchmal nur einen Spaziergang zusammen, eine Autofahrt – wenn wir das Geld fürs Benzin zusammenbrachten – oder auch ein Picknick im Park.

Noch eine interessante Randbemerkung: Je mehr unsere Liebe wuchs, desto einfacher wurden unser Geschmack und unsere Neigungen. Ist es nicht so, daß das, wonach man sich sehnt, nicht mit der äußeren Aufmachung zusammenhängt? Wenn wir nur zusammen sind, dann fragen wir nicht danach, wie es in dem Restaurant aussieht. Was unsere Verabredungen so wertvoll macht, ist nicht in erster Linie die Nahrung für den Körper, sondern daß unsere Seele gespeist wird.

Abende, an denen wir Gäste einladen oder selbst eingeladen sind, zählen wir nicht zu unseren Verabredungen. Unsere Rendezvous sollen nämlich ganz und gar uns vorbehalten bleiben, zum Reden, zum Austausch, zur Gemeinsamkeit.

Die wöchentliche Verabredung ist für uns eine Antwort auf die Frage: »Wie können wir Zeit schaffen?«

Manchmal werden wir gefragt: »Können wir diese gemeinsame Zeit nicht auch zu Hause verbringen?«

Unserer Erfahrung nach hat das wenig Sinn. Es ist zwar in der Theorie eine gute Idee, aber wie viele unserer großartigen Pläne wurde auch dieser Gedanke bei uns im Laufe der Jahre von einer Reihe brutaler Fakten zerschlagen. Zu diesen Fakten gehörten: das Klingeln an der Haustür, kleine oder große Kinder, das Telefon, eine kaputte Glühbirne, die ersetzt werden mußte, oder ein Heißwasserspeicher, der nicht funktionierte, oder auch die Frage: »Kannst du mir bei den Hausaufgaben helfen?«

Mit Unterbrechungen muß man einfach ständig rechnen – sie treten immer wieder auf – Woche für Woche und Jahr für Jahr. Daher ist die einzige Lösung für uns die genaue Einhaltung eines besonderen Termins, um regelmäßig außer Haus ein Stück Liebe miteinander zu erleben. Da gibt es keine Ausnahmen und keine Ausreden. Es ist wie ein heiliger Bund, daß wir miteinander reden und aufeinander hören wollen.

Das schönste Erlebnis

»Was war heute dein schönstes Erlebnis?«

Wenn Sie miteinander vereinbaren, sich jeden Abend (beim Abendessen, nach dem Abendessen oder wenn Sie zu Bett gehen) das schönste Erlebnis des Tages zu erzählen – wäre das nicht eine Bereicherung für Sie?

Bei einem unserer Seminare sagte ein aufgeschlossener Psychiater zu dem Thema »Das schönste Erlebnis« folgendes:

»Ist Ihnen überhaupt bewußt, wie oft sich Ihre Gespräche bei Tisch oder auch beim Schlafengehen um Negatives drehen? Für meine Frau und mich ist diese Erinnerung an das schönste Erlebnis des Tages eine großartige Idee, ein richtiger Volltreffer. Wie fröhlich geht man auf diese Weise schlafen!«

Vielleicht war es etwas von dem, was Paulus meinte, als er schrieb: »Die Liebe freut sich nicht über die Ungerechtigkeit, sie freut sich aber an der Wahrheit« (1. Kor 13,6)?

Was würde es für unsere Ehe bedeuten, wenn wir diese Worte in unserer Beziehung zueinander beherzigten? Eine kleine Vereinbarung, die Wunder bewirken kann: »Sag mir, was heute dein schönstes Erlebnis war!«

»Kaffeklatsch« am frühen Morgen

Familie Martin ist ein vielbeschäftigtes Ehepaar mit drei Teenagern. Herr Martin hat eine gute Stellung in einer Kleiderfabrik, seine Frau arbeitet auf einer Bank. Sie schrieben uns folgendes:

»Wir sind jetzt einundzwanzig Jahre verheiratet. Vielleicht

kennen Sie das Sprichwort, daß die schlechten Phasen sich alle sieben Jahre wiederholen. Für uns gilt es nicht: Bei uns hat es fast jedes Jahr Schwierigkeiten gegeben. Zwar haben wir auch manches Gute erlebt – glücklicherweise. Aber ist es nicht recht traurig, daß die schlechten Zeiten zu dominieren scheinen?

Um ganz offen zu sein: In diesem Jahr kamen wir regelrecht ins Schleudern. Ich denke da an bestimmte Ereignisse, von denen wir im Grunde genommen wußten, daß sie schlecht ausgehen würden, wenn nicht eine ganz entscheidende Änderung eintrat.

Ich will es kurz machen: Als wir uns endlich einmal Gedanken darüber machten, erkannten wir, wo der Wurm saß: Wir redeten nicht mehr miteinander.

Wie konnte es dazu kommen? Unsere drei Teenager sind achtzehn, fünfzehn und dreizehn Jahre alt. Schätzen Sie einmal, in wieviel Vereinen und Clubs drei Teenager sein können! Fußball, Theatergruppe, Freundeskreise, Rockmusikgruppe, Countrymusik, Bandmusik, Chor, Gemeindeveranstaltungen. Dazu ein Rendezvous, ein gebrochenes Herz, ein gebrochener Arm, gute und schlechte Noten und Examen – das Ende ist noch nicht abzusehen.

Wie sollen wir beide in einem solchen Chaos Zeit für uns allein finden?

Nun, wir haben eine eigene Möglichkeit entdeckt und dachten, wir sollten Ihnen davon schreiben. Vielleicht gibt es noch mehr Ehepaare in einer ähnlichen Situation.

Wir beschlossen also, neuerdings unseren Wecker jeden Morgen eine halbe Stunde früher klingeln zu lassen. Von jetzt an stehen wir erst auf, wenn wir eine halbe Stunde ganz für uns gehabt haben. Abends nehme ich die Kaffeemaschine mit ins Schlafzimmer und brauche dann morgens nur noch den Knopf zu drücken. Wir haben vor drei Monaten damit angefangen, und ich kann Ihnen gar nicht sagen, wie sehr sich alles bei uns verändert hat.«

Wir können es nur immer und immer wieder betonen: Sich Zeit nehmen zum Reden und zum Zuhören führt zu einer immer besseren Beziehung zueinander.

Samstag abend – Sportschau

»Gestern abend, als die Kinder im Bett lagen, setzte sich mein Mann zu mir und sprach von einem ungewöhnlichen Geschenk, das er mir gern machen wolle. Er versprach, mir in diesem Jahr jeden Samstag die erste Halbzeit aller Fußballspiele zu schenken. Nicht nur für diese Woche sollte das gelten, sondern wirklich das ganze Jahr hindurch. Die erste Halbzeit sollte nun nicht mehr dem Sport, sondern nur uns beiden gehören. Wir würden miteinander plaudern, füreinander dasein.

Für Sie klingt das vielleicht nicht so überwältigend, aber Sie müssen wissen, daß mein Mann auch samstags arbeitet. Seit Jahren verlief der Samstagabend folgendermaßen: Ich gab den Kindern früh ihr Abendbrot. Dann setzten Robert und ich uns vor den Fernseher und aßen dort unsere warme Mahlzeit. Anfänglich versuchte er noch, mir die Spielregeln zu erklären, aber ich machte mir einfach nichts aus Fußball. Heute glaube ich, daß mein Desinteresse vor allem daher kam, daß ich mich einfach lieber mit ihm unterhalten hätte. Ich wollte etwas von seinem Tagesablauf hören, ihm von dem erzählen, was ich erlebt hatte, einfach nur einen kleinen Schwatz mit ihm halten.

Ich wünschte, Sie hätten seine kleine Rede hören können, die er mir hielt, als er mir sagte, was er vorhatte. Glauben Sie mir, ich habe selten etwas so Schönes gehört. Er sagte, er habe über das Fußballspiel und uns beide nachgedacht und sei dabei zu zwei Ergebnissen gekommen. Erstens sei ihm klargeworden, daß es den Kindern sicher nicht guttue, von uns beiseite geschoben zu werden, während wir dem Fußballspiel zuschauten. Was dann kam, werde ich wohl mein ganzes Leben lang nicht vergessen. ›Zweitens, Karin, hast du sicher ein bißchen anregende Unterhaltung nötig, nachdem du den ganzen Tag die Kinder um die Ohren hattest. Und du weißt ja, wie anregend ich sein kann . . .‹ Sie können sich wahrscheinlich vorstellen, daß ich sehr glücklich über dieses Geschenk bin und meinen Ehemann für den besten der Welt halte!«

Hier wollen wir den Männern etwas zuflüstern:
Warum glaubt ihr eigentlich, daß ihr immer etwas Weltbewe-

gendes unternehmen müßt, um die glühende Liebe eurer Frau zu erwecken?

Eine wundervolle Reise nach Hawaii oder eine Nerzstola oder ein neues Haus, und dann . . . wäre meine Frau hingerissen.

Aber wäre sie das wirklich? Wahrscheinlich hätte das gar nicht den erträumten Erfolg. In der Bibel heißt es in einem anderen Zusammenhang: ». . . Siehe, ein kleines Feuer, welch einen Wald zündet's an« (Jak 3,5)!

Gespräche per Kassettenrecorder

Können Sie sich das vorstellen? Die Vogels führen ihre Unterredungen und ihren Austausch meist per Kassettenrecorder. Hier ein Auszug aus einem Brief von Herrn Vogel:

> »Wir befinden uns gerade in einer Lebensphase, in der wir fast unterzugehen drohen. Das meine ich ganz im Ernst. Ich stehe vor dem Höhepunkt meiner Karriere, und in diesem Jahr entscheidet sich alles. Und meiner Frau geht es nicht anders. Auch sie hat nur noch eine Sprosse zu erklimmen, um die höchste Position zu erreichen, die in ihrem Beruf drin ist. Doch wir lieben uns sehr und wir sind entschiedene Christen.
> Wir haben unsere Lage überdacht und beschlossen, es keinesfalls so weit kommen zu lassen, daß wir uns entfremden oder die Nähe zu Gott verlieren. Wir haben das Glück, unsere Arbeit ausgesprochen gern zu tun, und obwohl das für uns bedeutet, viel unterwegs zu sein, uns intensiv einzusetzen und Überstunden zu machen, haben wir uns doch in diesem Jahr mehr miteinander unterhalten denn je zuvor.
> Wie das möglich war? Stellen Sie sich vor: mit Kassetten! Es ist eine großartige Sache, auf diese Weise den Kontakt zu pflegen. Wir kamen darauf, als wir eines Tages von einem Mann und seiner Frau hörten, die sich im Gespräch nicht so recht ausdrücken konnten und deshalb ihre Gedanken auf Kassette sprachen, die sie dann austauschten. Und genauso machen wir es auch. Pro Woche bespricht jeder von uns mindestens drei Kassetten. So haben wir es ausgemacht, und bis heute hat es da keine Ausnahme gegeben.
> In einem einsamen Hotelzimmer, im Auto – das wir ab-

wechselnd benutzen –, in jedem freien Augenblick unseres mit Terminen vollgestopften Tages sprechen wir miteinander. Sie können sich kaum vorstellen, was das für uns bedeutet. Es hat uns die innere Freiheit geschenkt, uns ohne das übliche schlechte Gewissen in unsere Arbeit zu stürzen. Und für die gemeinsame Zeit, die uns blieb, hat es sich auch positiv ausgewirkt. Es ist uns beiden klar, daß das kein Dauerzustand sein kann. Doch wollen wir es ein Jahr lang so versuchen und dann unsere Situation noch einmal überdenken.

Sie dürfen unsere Erfahrung gern weitergeben. Sie mag etwas merkwürdig klingen, aber wir danken Gott für diese brillante Idee, die er einem uns ganz unbekannten Paar schenkte.«

»Brillant« ist hier wirklich das richtige Wort. Jedes Ehepaar kann sich zu jeder Zeit seinen eigenen Weg suchen, um miteinander zu reden und aufeinander zu hören. Und wenn es gelingt, ist das immer eine glänzende Sache!

Achthundert Stunden

Wenn Sie mit jemandem etwa 800 Stunden im Gespräch verbracht und über alles und jedes, was Sie gerade berührt, gesprochen haben, dann sind Sie darüber zu guten Freunden geworden, nicht wahr?

»Meine Frau und ich haben das ausprobiert. Wir haben uns regelmäßig ausgetauscht, miteinander geredet, einander zugehört. Zusammengerechnet haben wir bereits über achthundert Stunden damit verbracht. Das klingt vielleicht unmöglich, aber lassen Sie mich berichten, wie es bei uns war.

In den siebzehn Jahren unserer Ehe sind wir regelmäßig samstagmorgens zum Frühstück ausgegangen – nur wir beide. Als die Kinder noch klein waren, stand ganz oben auf unserer Prioritätenliste das Geld für den Babysitter am Samstagmorgen. Selbst wenn wir am Wochenende Gäste hatten, hielten wir an diesem Brauch fest.

Gab es einmal unerwartete Ereignisse, so daß ab und zu ein Samstag ausfiel, dann verlegten wir das ›Frühstück zu zweit‹ auf den Sonntagmorgen vor den Gottesdienst. Diese ›achthundert Stunden der Gemeinsamkeit‹ sind in Wirklichkeit vermutlich noch viel mehr, denn oft zog sich unser Beisammensein samstags in die Länge, so daß aus einer Stunde unversehens zwei wurden.

In unserer Gemeinde leiten wir den Kreis für Ehepaare, und wir versuchen ihnen zu vermitteln, daß es keine Entschuldigung ist, zu sagen, man fände keine Zeit, miteinander zu reden.

Ich bin sehr viel unterwegs, bin meist fünf Tage in der Woche fort – und wir bringen es trotzdem fertig, im Gespräch zu bleiben. Wer wirklich den Willen dazu hat, kann es auch.«

Das Heiligtum auf der Kellertreppe

»Da unsere Kinder alle zwischen dreizehn und siebzehn Jahre alt sind, gleicht unser Haus manchmal einem Zirkus. Sie wissen schon, was ich meine – Tier, Freunde, Telefonanrufe und furchtbar laute Musik beherrschen die Szene und bestimmen die Atmosphäre.

Mein Mann und ich haben uns immer sehr gut verstanden. Wir dachten, daß es Sie vielleicht interessiert, wie wir diese Gemeinsamkeit aufrechterhalten haben. Für uns war es nie ein Problem, miteinander ins Gespräch zu kommen, sondern es ging nur um die Frage des Wo und Wann.

Vor ein paar Jahren, als unser Haus mal wieder mehr einem Zigeunerlager glich als einer normalen Wohnung, wir aber unbedingt in einer Sache eine Entscheidung treffen mußten, setzten wir uns auf die Kellertreppe. Von dem Tag an behielten wir diesen Brauch bei, unsere Gespräche ab und zu hierher zu verlagern.

Wenn uns jemand fragt, wie wir es verhindern, von den Kindern immerzu gestört zu werden, dann können wir nur antworten: Das ist leichter, als man es sich vorstellt. Wir sagen den Kindern, daß sie uns – außer in einem Notfall – allein lassen sollen. Es ist erstaunlich, wie gut sie es gelernt haben, die Privatsphäre ihrer Eltern zu respektieren.

Irgendwann nannten wir unsere Kellertreppe einmal unser ›Heiligtum‹, und das ist sie uns auch wirklich gewesen.«

Die Früchte der geistlichen Partnerschaft

Miteinander reden, aufeinander hören – das ist das Ergebnis der geistlichen Partnerschaft in Form des Bibelstudiums zu zweit. Aber sie bringt auch noch andere Segnungen mit sich.

Gemeinsame aufregende Entdeckungen

Da werden wir überrascht und angeregt von neuen Gedanken, Vorstellungen und Weisheiten. Weil Langeweile eine ernsthafte Bedrohung jeder Ehe ist, wird das Bibelstudium zu zweit unwillkürlich zur Garantie gegen oberflächliches Gerede. Und wir erfahren, daß es stimmt, denn je mehr wir lernen, desto mehr möchten wir lernen. Neue biblische Erkenntnisse und neue Einsichten über uns selbst und unsere Beziehungen zueinander – all das bringt beständig neue Anregungen für den einzelnen und für ein Ehepaar.

Einfühlungsvermögen und Verständnis

Unvermeidlich führt das Bibelstudium zu zweit auch dazu, daß sich die beiden Partner sehr viel besser kennenlernen. Reaktionen des anderen, die bisher seltsam anmuteten, werden plötzlich verständlich. Und daraus ergibt sich oft eine wachsende Sympathie oder auch Mitgefühl mit dem anderen.

Aber das ist noch nicht alles. Wenn wir unsere tiefsten Empfindungen miteinander teilen, werden wir manche Ähnlichkeiten entdecken. So ist es bei uns z. B. erstaunlich, wieviel Bibelstellen wir mit den gleichen Symbolen versehen haben.

Danke, Herr, für die oft überraschende Übereinstimmung und das allmähliche Zusammenwachsen durch dein Wort!

Wachsende Achtung

Hat unsere Achtung voreinander im Laufe der Zeit nachgelassen? Das Bibelstudium zu zweit ist fast eine Art Versicherung gegen diese traurige Entwicklung. Wenn wir unserem Partner zuhören, erkennen wir seine Qualitäten, z. B. seine klare Betrachtungsweise, seine guten Gedanken und tiefe Einsichten. Das führt uns in große Dankbarkeit für unseren Partner. Ich bin glücklich, daß ich gerade diesen Ehepartner habe. Danke, Herr!

Wachsende Lernbereitschaft

Warum sind die klügsten Menschen, die uns begegnen, oft auch die demütigsten? Eine mögliche Antwort darauf ist: Je mehr wir auf irgendeinem Gebiet lernen, desto mehr wird uns klar, wieviel es da noch zu lernen gibt.

»Er kennt die Bibel sehr gut.« – »Sie hat sich offensichtlich viel mit der Heiligen Schrift beschäftigt.« – Wem ein solches Kompliment gilt, wird vielleicht dazu sagen: »Was ich weiß, ist gar nichts, gemessen an dem, was es noch zu erfahren und zu lernen gibt.«

So gehört es zu den Ergebnissen unseres gemeinsamen Studiums, daß wir immer aufgeschlossener werden für Wissenswertes. Wie schön ist es, mit einem Menschen zu leben, der immer lernbereit ist!

Körperliche Harmonie

Sehr oft hören wir in unseren Seminaren, bei Beratungen oder aus Briefen die bittere Klage: »Wenn wir nur auf sexuellem Gebiet besser harmonierten, wäre auch unsere Ehe viel besser.« Darauf möchten wir aus unserer Erfahrung antworten: »Daran liegt es in Wirklichkeit nicht. Das Entscheidende ist nämlich, daß höchste körperliche Harmonie ein hohes Maß an geistiger und seelischer Harmonie voraussetzt.« Darin liegt ein weiterer Grund verborgen, das Bibelstudium zu zweit als positiv anzusehen.

Segen, der erst später erkennbar wird

Ob Gott besondere Engel hat, die er beauftragt, in der Welt des Unbewußten zu wirken?

Vielleicht schlagen Sie sich mit einem Problem herum. Sie beten und erhalten keine Antwort. Die Spannung hält an, der Konflikt wird nicht gelöst, es gibt keinen Frieden. Aber eines Tages – ohne daß Sie etwas Besonderes bemerkt hätten – stellen Sie fest, daß die Wolken sich verzogen haben. Es mögen Wochen und Monate, vielleicht sogar Jahre darüber vergangen sein. Plötzlich fühlen Sie eine große innere Ruhe. Irgendwie hat Gott unter der Oberfläche die Dinge sortiert, hat sie dorthin gebracht, wohin sie gehören, und alles recht gemacht.

In unserem Leben sind, je länger wir unser Bibelstudium betreiben, desto häufiger solche »verzögerten, Segnungen« erkennbar geworden. Und dürfen wir uns nicht darauf auch für die Zukunft verlassen?

Der Psalmist sagt: »Meine Zeit steht in deinen Händen« (Psalm 31,16). Sollte das nicht auch für morgen gelten?

Es sind glückliche Menschen, die gelernt haben, daß das Heute, die Vergangenheit und die vor uns liegende Zukunft in seiner Hand liegen.

Unmerkliche Veränderung

Das ist ein großer Tag, an dem wir plötzlich erkennen: »Ich bin froh über das, was anders geworden ist.« Aber ist es nicht noch erhebender, wenn wir beide zusammen sprechen können: »Unsere Ehe ist heute besser als je zuvor. Wir sind auf geistlichem Gebiet weiter gekommen und sind glücklich über die Zeit, die wir uns selbst gegönnt haben.«?

Die persönliche Botschaft der Bibel

Wenn wir mehr und mehr mit dem Bibelstudium vertraut geworden sind, machen wir eine weitere erfüllende Erfahrung: Eines Tages kommen wir an einen Punkt, an dem wir erkennen: »Hier ist eine Botschaft vom Herrn ganz persönlich für uns!« Dann schreiben wir an den Rand dazu »CM«, d. h. dieses Wort empfinden wir als ein Wort an Charlie und Martha Shedd.

Niemand, der sich ernsthaft mit der Heiligen Schrift beschäftigt, wird willkürlich mit der Bedeutung einzelner Stellen umgehen oder Texte verändern, um sie seinem Verhalten anzupassen. Aber darauf können wir uns verlassen: Wenn wir uns dem Bibelstudium regelmäßig widmen, dann wird Gottes Wort für uns zur persönlichen Botschaft. Es trifft uns plötzlich, wir wissen: wir sind gemeint.

Neue Wege

Er . . . »gleicht einem Hausvater, der aus seinem Schatz Neues und Altes hervorholt« (Mt 13,52). Neue Wege, originelle Ideen – auch das bringt das Bibelstudium zu zweit mit sich. Etwas davon spiegelt sich in dem wider, was wir »Gib ab! Laß los!« nennen.

Ein Beispiel: Seit einigen Monaten gab es eine Meinungsverschiedenheit zwischen uns. Zuerst war es nur eine kleine Sache – wir dachten: es wird sich schon wieder geben. Doch Tatsache war, daß wir nicht vom Fleck kamen. Wir wollten es dem Herrn geben, aber wie? Sein Wort sollte zu uns sprechen, und dann wollten wir es loslassen.

In solchen Fällen gehen wir folgendermaßen vor: Nachdem wir uns einig geworden sind, die Sache zunächst einmal beiseite zu legen, suchen wir eine Bibelstelle, die in diese besondere Situation zu passen scheint. Als nächstes beschreiben wir kurz unsere Meinungsverschiedenheit, eventuell in verschlüsselten Worten oder Zeichen. Mit dem Datum versehen legen wir die Notiz zu der ausgesuchten Bibelstelle. Dann beten wir: »Herr, wir kommen nicht weiter. Wir leiden darunter. Und wir glauben, daß du das auch nicht willst. Wir wissen, daß du Probleme aller Art kennst. Wir wissen, du siehst auch die Ursachen und Lösungsmöglichkeiten für unsere Schwierigkeiten, die wir nicht sehen können. Hier hast du unsere Not. Wir überlassen sie dir jetzt. Wir übergeben diese Sache in deine Fürsorge. Danke!«

Wenn dann doch der eine oder der andere wieder anfängt, für sich auf dem Problem »herumzukauen«, oder auch wenn wir beide es von neuem tun, dann wenden wir uns wieder dem gewählten Vers zu und beten aufs neue: »Herr, wir haben es dir wirklich überlassen wollen. Hier hast du es noch einmal. Danke, daß du Geduld mit uns hast.«

Psychologen warnen davor, unbereinigte Dinge zu begraben. Allzuoft müssen sie »alte Grabsteine« wieder umstoßen und an den »blutbefleckten Schlössern und Riegeln« rütteln. Das stimmt zweifellos. Doch für uns kann es eine echte Heilung bedeuten, unsere Unstimmigkeiten im Licht der Bibel eine Zeitlang beiseite zu schieben.

Es kann sein, daß wir ein anderes Mal erneut die Heilige Schrift um Rat fragen und das Problem wieder aufgreifen, wenn wir den Eindruck haben, daß die Zeit dafür reif ist. Und erstaunlicherweise geschieht es manchmal, daß dann bei so einem zweiten Anlauf Gott uns begegnet. Manchmal lenkt er unsere Gedanken voll Wärme auf bestimmte Dinge oder gibt uns einen leicht verständlichen Wink – Lösungen, die wir nicht sahen und auf die wir von uns aus nie gekommen wären.

Die so behandelten Probleme gehören nicht in die Kategorie von Konflikten, sondern es geht mehr um Belastungen und Sorgen anderer Leute, Kinderprobleme, wirtschaftliche und berufliche Fragen u. ä. Mit diesen Sorgen folgen wir der allumfassenden Einladung: »Alle eure Sorge werft auf ihn; denn er sorgt für euch« (1. Petr 5,7).

Kürzlich holten wir eine besondere Bibelübersetzung von unserem Bücherregal. Als wir darin blätterten, fiel ein Zettel heraus mit einem Datum von vor fünf Jahren. Da er in Geheimzeichen geschrieben war, konnten wir ihn nicht mehr entziffern. Doch das Problem hatte offensichtlich seine Lösung gefunden, da es auch aus unseren Gedanken entschwunden war.

Erfahrungen mit dem Bibelstudium
zu zweit

In unseren Seminaren und auch im Briefwechsel bitten wir manchmal Ehepaare, uns über ihre Erfahrungen zu berichten. Einiges davon möchten wir hier weitergeben:

»Letztes Jahr im August arbeiteten wir die Offenbarung einmal gründlich durch, und während eines Urlaubs im April beschäftigten wir uns intensiv mit dem Galaterbrief. Die Zeiten des gemeinsamen Bibellesens und des Austauschs darüber sind für uns das Kostbarste, was uns ein Tag bringen kann. Sie haben unsere Liebe zueinander und unsere Hingabe aneinander im Lauf der Jahre sehr viel reicher und tiefer gemacht.

Wir erfuhren, wie Belastungen verschwanden, Probleme gelöst wurden und Frieden und heitere Gelassenheit uns erfüllten. Deutlich empfinden wir Gottes Gegenwart in diesen Zeiten der Stille. Wir haben die Heilige Schrift vom 1. Buch Mose bis zur Offenbarung durchgelesen und dabei verschiedene Übersetzungen benutzt. Allerdings brauchte es den festen Willen, die Zeit zum Bibelstudium und zur Gemeinschaft mit Gott auf der Prioritätenliste an die oberste Stelle zu setzen.«

»Unsere Ehe war in Gefahr, völlig zu zerbrechen, weil wir keine Gemeinschaft mehr miteinander hatten. Uns fehlte das Gespräch, der Austausch und vor allem der ›Kitt‹, der allein eine Ehe dauerhaft machen kann, nämlich Gott. Wir besuchten ein Seminar nach dem anderen und gingen von Berater zu Berater, doch anscheinend kamen wir nirgendwo richtig an. Nun, so dachten wir, womit wir uns bisher noch nicht beschäftigt haben, ist die Bibel. Was haben wir noch zu verlieren? So begannen wir zu lesen, zu unterstreichen und uns darüber auszutauschen.

Zuerst benahmen wir uns schrecklich ungeschickt und linkisch – wie zwei junge Leute bei der ersten Verabredung. Doch wir hielten an dem einmal begonnenen Weg fest, und eines Tages wurde uns klar, daß etwas Wundervolles geschehen war: Wir konnten plötzlich miteinander reden! Es war herrlich! Einfach großartig! Gott sei Lob und Dank!«

»Sie möchten wissen, was bei unserem Bibelstudium herausgekommen ist? Es ist, als ob wir miteinander über Höhenwege gehen und dabei den ›Dritten‹ im Bunde haben. Es ist auf ganz ungewöhnliche Weise eine erhebende Erfahrung, eine zutiefst vertraute, geistliche Gemeinschaft. Wir erleben die ganz natürliche Entfaltung unserer Gefühlswelt, das Bewußtsein einer geistlichen Partnerschaft, die unmerklich, aber ständig wächst. Ohne unser tägliches Bibelstudium wären wir niemals zu dieser tiefen Gemeinsamkeit gekommen.«

»Meine Frau und ich sind beide berufstätig. Dabei haben wir das Glück, daß wir zusammen zur Arbeit fahren können. Da diese Fahrt etwa fünfundvierzig Minuten in Anspruch nimmt, beschlossen wir, die Zeit gut zu nutzen und uns gegenseitig aus der Bibel vorzulesen. Jeden Tag wechseln wir uns mit dem Fahren und Lesen ab. Wir lesen ein oder auch mehrere Kapitel. Dann sprechen wir uns darüber aus. Manchmal unterbrechen wir auch das Lesen, weil wir unbedingt erst über eine Sache diskutieren müssen. Sie können sich kaum vorstellen, wie positiv sich unsere Ehe gewandelt hat, seit wir diesen Weg beschritten haben.«

»Bei uns zu Hause lesen wir beide jeden Morgen nach dem Frühstück miteinander in der Bibel. Bisher haben wir aus dem Alten Testament die Psalmen und aus dem Neuen Testament die Evangelien gelesen. Vor kurzem nahmen wir uns dann den Römerbrief vor. Im Augenblick beschäftigen wir uns mit dem Brief an die Hebräer. Wir benutzen drei verschiedene Übersetzungen und jeder eine andere Auslegung. Bei alledem haben wir viel Spaß. Oft lachen und scherzen wir dabei, nehmen uns in die Arme und sind zärtlich miteinander. Neunundfünfzig Jahre sind wir nun miteinander verheiratet, das ist eine lange Zeit. Unser gemeinsames Studium mit seiner Freude und sichtbar werdenden Liebe hat uns jung erhalten und hat uns auch die Liebe zum Herrn bewahrt.«

Es kommt auf einen Versuch an

».. . zu seiner Zeit werden wir auch ernten, wenn wir nicht nachlassen« (Gal 6,9).

Herausforderung und Anspruch

Ein Weiser sagte einmal von einem Redner: »Er hat eine erbauliche und geistreiche Ansprache gehalten, aber es kam nichts Konkretes.«

Das möchten wir uns nicht nachsagen lassen. Wir legen Ihnen ans Herz, sich doch einmal dreißig Tage lang auf die von uns vorgeschlagene Weise mit der Bibel zu beschäftigen. Lesen Sie ein beliebiges Buch der Bibel, zunächst jeder für sich. Markieren Sie alle Ihnen auffallenden Stellen mit unseren oder anderen Symbolen und besprechen Sie mindestens einmal in der Woche miteinander diese Verse. Teilen Sie Ihre Gedanken mit dem Partner, lernen Sie sich gegenseitig kennen dabei, und lassen Sie den Herrn zu Worte kommen. Reden Sie miteinander und hören Sie aufeinander.

Am Ende dieser dreißig Tage ist Ihre Ehe garantiert besser geworden, als sie vorher war. Versuchen Sie es doch einmal! Sie werden es erleben, daß eine durchschnittliche Ehe erfreulich wird, eine gute Ehe hervorragend. Für jedes Ehepaar, das sich für diesen Weg entscheidet, wird der Herr die Ehe aufs Allerbeste gestalten – so wie nur Er es kann! »Gott . . . hat in seiner großen Liebe, mit der er uns geliebt hat, auch uns . . . mit Christus lebendig gemacht . . . er hat uns mit auferweckt und mit eingesetzt im Himmel in Christus Jesus« (Eph 2,4–6).

Bücher zum Bibelstudium

(Persönlich)
Christus Central, Studienhefte zur Bibel (Markus, Johannes, Apostelgeschichte, Römer, Galater, Hebräer), Neuhausen
Freude mit der Bibel, WEC, Neuhausen 1987
Mit der Bibel leben, Neuhausen 1986[2]
Thompson Studienbibel, Neuhausen 1986

(Zur Vorbereitung von Gruppenarbeiten)
Ernst Aebi, Kurze Einführung in die Bibel, Winterthur/Marienheide 1987[9]
Karl Beyer, Wie bereite ich eine Bibelarbeit vor?, Wuppertal 1986
Bibel von A–Z, Wortkonkordanz zur Lutherbibel 1984, Stuttgart 1986
Bibl. Handkonkordanz, Stuttgart 1984
Erl/Gaiser, Neue Methoden der Bibelarbeit, Tübingen 1981[7]
Theodor Haarbeck, Die Bibel sagt, Gießen 1986[14]
Handbuch zur Bibel, Hrsg. D. u. P. Alexander, Wuppertal 1975
Friedrich Hauss, Biblische Taschenkonkordanz, Neuhausen 1986[6]
Lexikon zur Bibel, Hrsg. Fritz Rienecker, Wuppertal
Johannes Osberghaus, Kleines Bibelseminar, Neuhausen 1979

Ehe
es zu spät ist

Volkhard
und
Gerlinde
Scheunemann

Pb., 140 Seiten
Bestell-Nr. 71301

Wie kommt es, daß so viele Beziehungen zerbrechen, die als »die
große Liebe« begannen? Als kritischer Punkt vieler gescheiterter
Partnerschaften diagnostizieren Scheunemanns eine häufig feh-
lende Gemeinschafts- und Ehefähigkeit.
Sie weisen den Weg zu einer Reifung der Persönlichkeit, die fähig
ist, mit dem Ehepartner einen geistigen, geistlichen, körperlichen
und seelischen Zusammenklang zu erzielen.

IV. Die Gemeinschaftsunfähigkeit des Menschen
– und ihre Überwindung –

»Verschmachtet und zerstreut wie Schafe«
Matthäus 9,36

Das Dilemma

Der Mensch ist zur Gemeinschaft erschaffen, und gleichzeitig leidet er an ihr. Er kommt mit seinen Mitmenschen nicht zurecht. Schon bei den Kindern fängt es an. Geschwister können einander das Leben sehr schwer machen. Es fällt ihnen nicht leicht, einander gelten zu lassen. Und die Eheleute, die Nachbarn, die Arbeitskollegen? Wir tun uns schwer an der Gemeinschaft, und dennoch brauchen wir sie. Das ist unser Dilemma.

Warum befürchte ich eigentlich, daß der andere mich einengt, mir meinen Freiraum nimmt, mich vielleicht beneidet? Wie finden wir zu einem schöpferischen Miteinander in der Gemeinschaft, daß wir einander entfalten und nicht hemmen?

Im Auge des Orkans herrscht Ruhe

In der Eheberatung kommt es des öfteren vor, daß der eine Partner verständnislos auf die Darlegungen des andern reagiert und ausruft: »Ich weiß gar nicht, wovon du sprichst. Bei uns ist doch alles in Ordnung!« Es ist bekannt, daß im Auge des Orkans völlige Ruhe herrscht, während rund herum die Hölle los sein kann. Ein ichbezogener Mensch hat es schwer, die Erregung und Bewegung seines Nächsten zu verstehen. Er denkt und empfindet von sich aus, nicht aus der Sicht des andern. So denken wir von Natur aus alle. Es kommt hinzu, daß wir geneigt sind, die Schuld vor allem beim Partner zu suchen. Jesus sprach schon von dieser erschreckenden Gewohnheit in dem Bild vom Splitter und Balken (Mt 7,3).

Vreni Theobald
Ich bin eine Frau
Pb., 100 S., Nr. 56 643, DM 14,80
ISBN 3-7751-1201-4

Ein frisches und anregendes Buch für alle
Frauen, die ihren Glauben ganz natürlich
im Alltag leben wollen. Gut lesbare, prakti-
sche Lebenshilfe mit vielen neuen Beispielen
und Denkanstößen zu Themen, mit denen
sich jede Frau beschäftigt.

Manfred R. Bönig
Geschenktes Glück
Wie Ehe ein Erfolg wird
Tb., ca. 80 S., Nr. 56 790, ca. DM 8,80
ISBN 3-7751-1239-1

Das Geheimnis des Erfolges liegt für den
seelsorgerlich erfahrenen Autor in den Antworten auf folgende Fragen: Ehe und Sexualität nach Gottes Ordnung? Glücklich
werden in der Ehe? Die Frau (den Mann)
fürs Leben finden? Gott als Ehevermittler?
Um die Hand anhalten – ein alter Hut? Die
Katze im Sack kaufen?

Hans-Joachim Heil/Gerhard Naujokat
Der sexte Sinn
Die Macht der Sexualität und die Ohn-
macht des Mannes
Gb., ca. 250 S., Nr. 79 102, ca. DM 29,80
ISBN 3-7751-1247-2

Dieses Buch bietet ein interessantes und wei-
tes Spektrum: Sexualität im Wandel der Zeit,
Entwertung und Vermarktung der Sexualität, die Bewältigung der sexuellen Probleme
im Leben des Jugendlichen und in der Ehe,
Homosexualität, Milieuschäden, der Stand
der Singles und die emotionale Heilung.

Bitte fragen Sie in Ihrer Buchhandlung nach diesen Büchern!
Oder schreiben Sie an den Hänssler-Verlag, Postfach 12 20,
D-7303 Neuhausen-Stuttgart

Ein Seminar für Eheleute und solche, die es bleiben wollen

Partnerschaft heute

**Eheseminar auf Band
mit Begleitmaterial**
3 MCs
Nr. 96112, DM 49,80

Haben Sie einmal diesen Kurs hinter sich, kennen Sie auf jeden Fall Ihren Ehepartner besser als vorher. Das Seminar will aber mehr:
Es unterscheidet sich in erfrischender Weise von vielem anderen, was zu diesem Thema je geschrieben und gesagt wurde – denn: auf Mitarbeit zugeschnitten, wollen die Themen erarbeitet sein. Es gilt zuzupacken, auch an sehr unbequemen Stellen; es gilt auszupacken, was man immer nur dachte. Die Diskussionspunkte sind darauf ausgerichtet, daß die Ehepartner auf ehrlichem und fairem Weg ihre wunden Stellen erkennen und lernen, dem anderen zu helfen.
Auf eine natürliche Weise gelingt es dem Ehepaar Jakob dem Zuhörer das in Einzelthemen gegliederte Seminar nahezubringen. Jeweils zum Anfang eines Themas wird von beiden ein Sketch eingespielt, der die jeweils angesagte Problematik in alltäglichen Situationen darlegt und vermitteln will. Danach folgt ein Referat mit anschließendem Praxisteil.

Ein Seminar, das Eheleuten helfen will, die Basis einer glücklichen Ehe zu erkennen und zu lernen, den Partner besser zu verstehen und zu akzeptieren.

Bitte fragen Sie in Ihrer Buchhandlung nach diesen Kassetten!
Oder schreiben Sie an den Hänssler-Verlag, Postfach 1220,
D-7303 Neuhausen-Stuttgart.